A MON MAÎTRE ET AMI

M. AUGUSTE MOULIÉRAS

SON ÉLÈVE AFFECTUEUX,

E. DOUTTÉ.

TABLE ANALYTIQUE

NOTES SUR L'ISLAM MAGHRIBIN

LES MARABOUTS

S'il est une idée bien ancrée dans le public, c'est que le caractère le plus saillant du mahométisme est sa simplicité. C'est, dit-on, un grand monothéisme, absolu, très froid, très sec et où rien ne relie la créature au Créateur. On va répétant qu'il suffit de prononcer la formule bien connue de la *chehâda*, d'affirmer que Dieu est unique et que Mahomet est

1) Notre dessein primitif était d'étudier dans ce travail les principaux faits intéressants pour la religion musulmane qui ont été consignés dans les ouvrages les plus récents et les plus autorisés sur le Maroc, en particulier ceux de MM. Mouliéras, de La Martinière et Lacroix, et de Foucauld. Mais nous avons été amené au cours de notre rédaction à présenter comme termes de comparaison de nombreux faits puisés dans les notes que nous amassons à ce sujet, en sorte que nous avons dû restreindre notre cadre, pour éviter que ce mémoire ne s'étendît plus qu'il ne convenait. Cela explique pourquoi nos exemples sont le plus souvent pris au Maroc : cette partie de l'Afrique Mineure a d'ailleurs pour nous le grand intérêt de représenter à l'époque actuelle un état de choses analogue à celui de l'Algérie-Tunisie avant que notre intervention eût produit dans ce pays toute une série de perturbations sociales. — Ce travail n'a pas la prétention d'être aussi complet qu'il serait désirable et nous avouons ne pas être encore en état de donner des conclusions générales. Il nous reste encore beaucoup à demander aux sources écrites, aux sources arabes en particulier et surtout à l'observation et à l'information orale. — Dans nos références, nous avons essayé d'indiquer quelle est à nos yeux la valeur des témoignages que nous invoquons au point de vue de l'histoire religieuse seulement : ces notes ne peuvent donc pas être considérées comme des critiques des ouvrages cités. — Nous n'avons pas indiqué de références aux innombrables ouvrages relatifs à l'Orient musulman : nous avons circonscrit notre étude au Maghrib. Une exception a été faite pour le travail de M. Goldziher sur le *Culte des Saints*. — Quant à la transcription des mots arabes, nous nous sommes généralement rapproché le plus possible de la prononciation usuelle dans les dialectes du Maghrib.

son Prophète, pour être musulman. On fait ainsi bon marché des innombrables discussions dogmatiques qui ont déchiré l'Islâm en sectes multiples, du chaos des mille et mille traditions attribuées au Prophète, des obligations pénibles et fastidieuses qui sont imposées au croyant : lorsqu'on réfléchit à tout cela, loin de penser que la simplicité du mahométisme a été la raison de sa rapide expansion, on s'étonne qu'il se soit étendu si aisément et on s'explique la longue résistance de ces Berbères de l'Afrique du Nord qui, suivant un passage fameux d'Ibn Khaldoûn[1], apostasièrent jusqu'à douze fois, tellement la législation musulmane leur paraissait pénible à supporter[2]. Quoi qu'il en soit, l'opinion qui veut faire de l'Islâm une religion très simple est universellement répandue : elle a été soutenue par d'éminents écrivains[3] et elle dispense d'ailleurs d'une étude plus approfondie.

Une des choses qui étonnent ordinairement le plus les partisans de cette opinion, c'est l'immense développement qu'a pris le culte des saints dans l'islamisme[4], rien ne semblant au premier abord plus éloigné du monothéisme que le culte rendu aux hommes qui se sont signalés par leur piété. On ajoute que la richesse spéculative du dogme catholique et surtout cette sorte de gnose restreinte qui est la Trinité et qui rapproche l'homme de son Dieu, ont pu favoriser l'extension du culte des saints et on n'est point choqué par la boutade de Voltaire, lorsqu'à Ferney il faisait visiter à ses hôtes

1) Ibn Khaldoûn, *Hist. des Berbères*, trad. de Slane, I, 28.

2) Goldziher, *Materialien zur Kenntniss der Almohadenbewegung*, *Z. D. M. G.*, LI, 1887, p. 39 (travail de haute importance pour l'histoire du moyen-âge africain). — Cependant, on exagérerait en attribuant à cette seule raison les apostasies des Berbères. Celles-ci étaient surtout des protestations pour ainsi dire nationales contre l'envahisseur musulman ; elles étaient l'expression religieuse de la révolte.

3) Par Renan entre autres.

4) Le travail capital sur le culte des saints dans l'Islâm est celui de M. Goldziher, *Die Heiligenverehrung im Islam* in *Muh. Stud.*, 2. Th., Halle, 1890, p. 275-378. C'est un remaniement complet et très augmenté de l'article qu'il publia jadis ici-même. Voy. *Rev. Hist. Rel.*, 1re ann., t. II, 1880, p. 256-351.

la seule église qui fût consacrée à Dieu; mais on s'étonne de voir le même phénomène se produire dans le mahométisme.

On ne réfléchit pas suffisamment, semble-t-il, que, même en concédant que l'Islâm soit excessivement simple, c'est justement le manque de lien entre Allâh et le Croyant qui aurait été cause que le peuple a cherché des intermédiaires, et qu'il en est venu à cacher sous la doctrine de l'intercession établie par les docteurs, une véritable anthropolâtrie. Pour mieux dire, il n'a pas cessé d'être anthropolâtre : M. Goldziher a exposé avec une grande clarté et une grande force quel abîme, dans la doctrine du primitif Islâm, et même dans celle de l'Islâm actuel, séparait l'homme de son Maître Tout-Puissant [1], mais il a montré aussi qu'à l'origine de cette religion, les tendances anthropolâtriques étaient si accentuées chez ses adeptes que les contemporains mêmes de Mahomet ne pouvaient se résoudre à le prendre pour un homme comme les autres [2], malgré les nombreuses affirmations de la révélation en sens contraire.

On trouve dans les travaux de cet érudit les plus intéressants détails sur les rapports du culte des saints avec l'orthodoxie islamique [3]; il ne nous siérait pas d'élever la voix après un tel maître, sur des questions aussi délicates. Aussi bien n'avons-nous présentement pour but que de donner, en nous restreignant à l'Islâm maghribin, quelques indications sur les objets de ce culte anthropolâtrique, c'est-à-dire sur les *marabouts*. Disons seulement que l'orthodoxie dut plier et admettre comme dogme le culte des saints; elle l'étaya tant bien que mal sur la doctrine de l'intercession, mais toujours elle fut débordée par lui. Ce ne fut pas sans une longue lutte, qui a duré jusqu'à nos jours, que ce culte put prendre place dans le dogme [4]; il eut des détracteurs acharnés et on vit des per-

1) Goldziher, *l. c.*, p. 279 seq.
2) Id., *l. c.*, p. 282.
3) Id., *l. c.*, p. 368 seq.
4) Cf. Schreiner, *Beiträge zur Geschichte der theologischen Bewegungen im*

sonnages qui craignaient tant de comparer un homme à Dieu, qui poussaient si loin l'horreur du شرك, *chirk*[1], qu'ils ne se résolvaient qu'avec peine à prononcer la *chehâda*, parce que le nom du Prophète y était assemblé avec celui d'Allah. C'est ainsi qu'un certain Samnoûn, mystique du ve siècle, remplissant l'office de muezzin, arrivé au passage où il devait témoigner qu' « il n'y a de divinité qu'Allâh et que Moh'ammed est son Prophète », ajouta : « O Dieu, si tu n'avais toi-même prescrit la récitation de ces paroles, je n'aurais jamais, dans un même souffle, associé le nom du Prophète au tien[2]. » Harris, dans son récent voyage au Tafilelt, rapporte qu'ayant fait route avec un affilié de la confrérie des *Derqâwa*, celui-ci lui raconta que le but de la confrérie était, comme toujours, de ramener l'Islâm à sa pureté primitive et que Sîdî-l-'Arbî-d-Derqâwî[3] était si pénétré de l'Unité de Dieu, qu'il recom-

Islâm; c) *Ibn Tejmîja über Volksbräuche nichtmuslimischen Ursprungs und über den Heiligenkultus* in *Z.D.M.G.*, LIII. Bd, I. Heft, 1899; p. 51 seq. et 78 seq. — Les travaux de M. Schreiner sur l'Islâm sont extrêment instructifs; ils portent la marque d'une érudition étendue.

1) C'est l'action de donner des associés à Dieu, comme font les chrétiens dans le dogme de la Trinité, au dire des musulmans. C'est pourquoi ils nous appellent مشركون, *mouchrikoûna*, c'est-à-dire ceux qui associent.

2) Al-Biqâ'i, ap. Goldziher, *op. laud.*, p. 280.

3) « Aboû 'Abdallâh Moh'ammed el-'Arbî ben Ah'med ed-Derqâwî, fondateur de l'ordre des Derqâwa, mourut dans la nuit du lundi 8 au mardi 9 septembre 1823 et fut enterré à Boû-Brîh', pays de Ghomâra (en réalité il s'agit des Benî-Zerouâl qui font partie du çof Ghomârî). Il est l'auteur de « Rasâïl » qui se trouvent entre les mains de chacun » (Es-Slâouî, *Kitâb el-Istiqçâ*, Caire, 1304 (1886-1887), t. IV, p. 175). Rinn, *Marabouts et Khouan*, Alger, 1884, p. 233, donne des renseignements sur ce personnage. La zaouia de Boû-Brîh' peut être considérée comme la maison-mère de l'ordre. Voyez aussi sur Boû-Brîh', Mouliéras, *Maroc inconnu*, II, Oran, 1899, p. 88. Mais la zaouia du même ordre à Metghâra (orthographe donnée par de Foucauld) paraît plus importante. Voy. encore sur Boû-Brîh' Depont et Coppolani, *Les confréries religieuses*, 1 vol., Alger, 1897, p. 507; et sur Metghâra, de Foucauld, *Reconnaissance au Maroc*, 1 vol., Paris, 1888, p. 352. De Foucauld semble confondre ici le fondateur de l'ordre avec le chef de la zaouia de Metghâra. Cette erreur de détail n'empêche pas l'ouvrage du vicomte de Foucauld d'être capital : c'est une source de premier ordre en ce qui concerne le Maroc; l'observation directe, très abondante, y est soigneusement séparée de l'information orale. — Le livre de M. Mouliéras au contraire repose uniquement sur l'in-

mandait à ses élèves de ne réciter que mentalement la seconde partie de la chehâda (« Moh'ammed est le Prophète de Dieu »), disant qu'on ne pouvait en même temps mentionner la créature, si sainte fût-elle, et le Tout-Puissant[1]. C'est le mot même du mystique Samnoûn, répété au xiv° siècle de l'hégire et au Tafilelt.

Mais le culte des saints est si fortement enraciné au Maroc, remarque Harris, que des novateurs comme le fondateur de l'ordre des Derqâwa, qui prêchait ouvertement le retour à l'ancienne austérité de l'Islâm, commençaient, au lieu de reporter la vénération des fidèles exclusivement vers les premiers saints musulmans, par s'ajouter eux-mêmes à la longue liste de ces bienheureux[2]. Et de fait, Sîdî-l-'Arbî-d-Derqâwî est à Boû-Brîh' l'objet d'un culte analogue à celui de tous ses confrères en sainteté. Cette anthropolâtrie des musulmans du Maghrib est poussée si loin qu'elle a frappé tous

formation orale ; sauf dans les notices historiques qui sont séparées du reste du texte, il n'a pas fait état des sources écrites. Ses renseignements oraux sont d'autant plus précieux que lui-même parle les dialectes arabes et berbères avec autant d'aisance et de pureté que les indigènes eux-mêmes. Comme il a spécialement appliqué son attention aux questions religieuses, son livre est pour nous de la plus grande importance. — L'ouvrage précité de M. Rinn est encore l'ouvrage fondamental sur les confréries religieuses dans l'Afrique Mineure. Malheureusement, il ne cite presque pas ses sources ; en sorte qu'on ne sait jamais si ses dires proviennent de renseignements oraux, d'écrits arabes ou de rapports administratifs. Il est surtout intéressant par les documents officiels qu'il donne. — A ce point de vue, MM. Depont et Coppolani, dans leur ouvrage indiqué ci-dessus, lui ont apporté le plus précieux complément, leurs renseignements officiels s'étendant aux confréries de l'Orient. Les sources sont plus souvent données que dans Rinn. La première partie du livre qui comprend une sorte d'histoire de l'Islâm, particulièrement au Maghrib, devrait être entièrement remaniée à notre avis : elle ne contient pas de matériaux d'études et est consacrée aux vues personnelles des auteurs.

1) Harris, *Tafilet, the narrative of a journey of exploration in the Atlas mountains and the oases of the North-West Sahara*, Londres, 1895, p. 299-300. — Harris a accompagné le sultan Moûlaye-l-H'asen dans sa dernière campagne au Tafilelt : son livre contient des faits nombreux et bien observés. L'auteur a été témoin des événements qui ont accompagné la mort de Moûlaye El-H'asen et l'intronisation du nouveau sultan.

2) Harris, *l. c.*

ceux qui se sont occupés de la question[1]; elle n'a pas, si l'on met de côté les 'Alides d'Orient, été dépassée dans l'Islâm. M. Goldziher voit là la raison pour laquelle les Berbères sont venus en masse se grouper sous les dynasties 'alides des Idrissites et des Fatimites[2]. Il nous a montré également avec évidence[3], comment un réformateur tel qu'Ibn Toûmert avait été entraîné dans le rôle de Mahdî par le goût de ses Berbères pour l'adoration d'un homme. Tous les voyageurs au Maroc, même ceux qui voyageaient pour faire des études absolument étrangères à la question religieuse, ont été impressionnés par l'extension donnée au culte des saints : Léon l'Africain comparait ceux-ci à des demi-dieux[4]; Rohlfs, habitué cependant aux pays musulmans, était stupéfait de voir des tribus entières accourir au devant du chérif d'Ouazzân en voyage et se presser pour le toucher du doigt[5]; Hooker et Ball, explorant le Maroc surtout en géologues et en botanistes, constatent cependant que le culte des saints semble être la seule forme sous laquelle se manifeste la religion aux yeux des Berbères de l'Atlas[6]; Quedenfeldt, un observateur de premier ordre pour tout ce qui concerne l'ethnographie, déclare que ce même culte a remplacé toute autre religion[7]; de Foucauld enfin dit que dans mainte région l'on n'accorde de respect qu'aux marabouts[8]. Sauf dans quelques pays, con-

1) Goldziher, *Muh. St.*, II, p. 324.

2) Goldziher, *Materialien zur Kenntniss der Almohadenbewegung*, in *Z. D. M. G.*, LI, 1887; p. 43 seq.

3) Goldziher, *op. laud.*, p. 45.

4) Léon l'Africain, *ap.* Goldziher, *l. c.*, n. 2.

5) Rohlfs, *Mein erster Aufenthalt in Marokko*. Norden, 1885, p. 336.

6) Hooker and Ball, *Journal of a tour in Morocco and the great Atlas*, Londres, 1878, p. 191. — Livre excellent, fait par des hommes habitués à l'observation scientifique, mais renfermant malheureusement peu de choses sur les sujets qui nous occupent.

7) Quedenfeldt, *Eintheilung und Verbreitung der Berberbevölkerung in Marokko*, in *Verhandl. Anthrop. Ges.*, 1889, p. 191. — Les nombreux travaux de Quedenfeldt sur le Maroc sont riches en documents intéressant les questions religieuses. Ils proviennent en partie d'informations orales. L'auteur est familier avec toute la littérature de son sujet.

8) De Foucauld, *Reconnaissance*, p. 137.

tinue-t-il, personne ne remplit les devoirs religieux, même en ce qui concerne les pratiques extérieures; et Harris d'autre part raconte sa surprise lorsque, logeant chez un chérif, un marabout, il s'aperçut de la prodigieuse ignorance de celui-ci au sujet de sa propre religion [1]. Au reste, ce n'est pas spécialement dans cette ignorance que le culte des saints trouve son explication; car il fleurit aussi dans des villes réputées pour la culture de leurs habitants, par exemple Tlemcen ou même Tunis [2], et, d'autre part, des populations qui vivent dans les plus grossières erreurs religieuses, comme certaines tribus de l'Arabie méridionale, connaissent à peine le culte des saints [3]. Il en est absolument de même de nos Touareg, dont l'ignorance et aussi l'indifférence religieuses sont proverbiales chez les autres Sahariens [4], et chez qui les marabouts n'ont en général qu'une très médiocre influence.

Nous venons de faire allusion à l'opinion de Lapie qui pense que « les marabouts sont plus nombreux et plus vénérés à Tunis qu'en tout autre pays musulman » [5]. L'auteur nous paraît avoir manqué de termes de comparaison; pour nous en tenir à l'Afrique Mineure, c'est une observation vulgaire que le nombre des marabouts s'accroît au fur et à mesure qu'on marche vers l'ouest [6]. Un simple voyage en chemin

1) Harris, *Tafilet*, p. 188.

2) Si l'on en croit M. Lapie, *Les civilisations tunisiennes*, Paris, 1898, p. 249. Voir plus loin n. 5.

3) Comte de Landberg, *Arabica*, V, Leyde, 1898; p. 138 : « Les tribus montagnardes des Bâ-Kâzim croient qu'Allâh est marié à Meryem et que Moh'ammed est sorti de cette union ». — Les *Arabica* sont une mine inépuisable d'intéressants renseignements (information orale).

4) Henri Duveyrier, *Les Touareg du Nord*, Paris, 1864, p. 413. Le voyage de Duveyrier est capital sur les Touareg du Nord. Il observe bien et scientifiquement; mais il y a chez lui un grain d'imagination dont il faut faire parfois la part.

5) Lapie, *l. c. Les Civilisations tunisiennes* sont un livre original et attachant : l'auteur a beaucoup lu et observé, mais il soutient un système, et on craint à chaque instant qu'à son insu il ne fausse les faits pour les faire rentrer dans sa théorie. C'est un philosophe.

6) Cpr. Trumelet, *Les Saints de l'Islam*, Paris, 1881, p. LXVII. Ce livre est meil-

de fer d'Alger à Oran en est une démonstration saisissante : dans la plaine du Chéliff on voit le nombre des *qoubba* ou coupoles des sanctuaires maraboutiques augmenter continuellement. Lorsqu'on arrive vers l'Hillil on en a constamment plusieurs en vue, et on les trouve par groupes de quatre ou cinq. Que dire de Tlemcen et de ses environs, littéralement constellés par les tombes des santons, au point que, de quelque côté qu'on se tourne, on ne peut faire 50 mètres sans en trouver plusieurs[1] ? Quelle explication donner de ce fait? Faut-il dire que l'élément berbère devenant prépondérant vers l'ouest, le culte des saints est davantage développé? Il paraît préférable de penser que le nombre des qoubbas dédiées à des chérifs augmente naturellement lorsque l'on s'avance vers le pays d'où sont presque toujours partis ces apôtres de l'Islâm depuis trois siècles. Toujours est-il que lorsqu'on arrive au *Maghrib-el-'Aqçâ*, à l'Extrême-Ouest africain, le nombre des marabouts, ermites, saints, santons devient extraordinaire[2] : il y a des tribus qui sont peuplées, comme celle des Benî-Ah'med es-Sourrâq, dont on dit : بني احمد قبيلة مبروكة في القراءة, c'est-à-dire : « Les Benî-Ah'med, tribu bénie de Dieu en ce qui concerne l'instruction religieuse »[3] ; il y a telle autre tribu comme celle des Benî-Zerouâl, où les nobles

leur qu'il ne paraît. L'auteur a pris ses renseignements de première source. Il a vu les sanctuaires qu'il décrit et entendu raconter par les indigènes mêmes les légendes qu'il rapporte. Principalement pour les environs de Blida, où il a longtemps vécu, il est excellent. Mais sa prolixité extraordinaire et ses perpétuels calembourgs de troupier le rendent fastidieux à consulter.

1) Faut-il rapporter ici le dicton de Sîdî Ah'med ben Yoûsef sur le Gherîs (plaine des environs de Mascara) : غريسي كل دوم بولي * وكل دالـب بـولـي

« Dans le Gherîs, tout palmier nain (plante qui envahit les champs) a un saint ; et toute branche (de palmier) a un saint. Cf. R. Basset, *Les dictons satiriques attribués à Sidi Ah'med ben Yoûsef* (extr. du *Journ. asiat.*, t. à p., Paris, 1890, p. 32).

2) Outre les passages de Harris, Hooker et Ball, Quedenfeldt, Foucauld, cités plus haut en note, voy. Mouliéras, *Maroc inconnu*, II, p. 160, 256, 280.

3) Mouliéras, *op. laud.*, II, p. 767.

saints sont tellement nombreux qu'on l'appelle قبيلة الخلفاء, la tribu des khalifes, parce qu'on y trouve, jusque dans les plus petits hameaux, des descendants des trois plus célèbres successeurs du Prophète, 'Omar, Aboû Bekr, 'Alî[1]. On peut lire dans Mouliéras l'énumération des qoubbas, mosquées, zaouias, toutes consacrées à quelque saint, qui pullulent dans des villes de rang secondaire comme Tétouan ou Ech-Chaoun[2].

Il y a, dans l'Afrique septentrionale, quelques groupes de populations berbères restées relativement pures qui ne sont pas orthodoxes : ce sont les Abâdhites; il y en a au Mzab, il y en eut naguère à Ouargla, il en reste encore un groupe à Djerba et dans le Djebel Nefoûsa, en Tripolitaine; ils sont en rapports et en communauté d'idées avec leurs frères de l''Oman et de Zanzibar. On a voulu, d'après des analogies séduisantes, rattacher leurs doctrines à celles des Wahhâbites du Nedjed[3], qui, on le sait, rejettent absolument le culte des saints[4]; dans la doctrine des Abâdhites, il en est à peu près de même et la théorie de l'intercession, fondement de ce culte, est comprise dans le sens le plus étroit et suivant la plus stricte interprétation coranique[5] : cependant,

1) Mouliéras, *op. laud.*, II, p. 73. Cf. *id.*, I, 92-93.

2) Mouliéras, *op. laud.*, II, p. 127-131 ; p. 205. Ech-Chaoun est la *Chefchaouen* des auteurs arabes. Tous les Marocains prononcent *Ech-Chaoun*.

3) Masqueray, *Chronique d'Aboû Zakariâ*, Alger, 1879, p. LIX seq. — Ce livre, la seule traduction française de livres abâdhites qui existe, est, malgré quelques imperfections, de premier ordre pour l'étude de l'histoire de ces sectaires.

4) Palgrave, *Une année de voyage dans l'Arabie centrale*, Paris, 1866, t. II, p. 52, affirme que le culte des saints est nul chez les Wahhâbites. Son témoignage est décisif, car il a vécu au milieu même des centres fanatiques du Wahhâbisme.

5) Voy. Sachau, *Religiöse Anschauungen der Ibaditischen Muhammedaner*, in *Mitth. d. Seminars f. Orient. Spr.*, t. II, 2e Abth., p. 76-77. Dans ce mémoire, du plus haut intérêt, M. Sachau analyse un écrit arabe connu sous le nom de *Kachf el-Ghomma*. Il s'agit des Abâdhites de l''Oman et de Zanzibar. Mais il n'y a pas de différence à faire, en ce qui concerne le dogme, entre ceux-là et ceux du Maghrib.

chez nos Abâdhites africains, les saints, avec leurs miracles, jouent le même rôle que chez les autres indigènes et, comme chez ceux-ci, la vénération des مشايخ, c'est-à-dire des cheikhs religieux, et le pèlerinage à leurs tombeaux, sont universels[1]. Il faut que l'anthropolâtrie soit bien enracinée pour avoir persisté, malgré l'influence d'un monothéisme aussi austère et aussi rigoureux que celui que professent nos Benî-Mzâb, par exemple[2].

Quelle est donc l'origine de ce culte des saints que nous rencontrons partout dans le Maghrib? M. Lapie[3], qui est un philosophe, après avoir rejeté l'hypothèse de Von Maltzan[4], d'après lequel ce culte serait simplement la revanche de la femme dans l'islamisme, après avoir repoussé également, avec plus de raison encore, une autre théorie suivant laquelle les nègres l'auraient amené dans l'Islâm, finit par déclarer que, le culte des saints étant universel, il n'y a d'autre cause à lui chercher que le sentiment religieux des masses, qui les

1) Pour le culte des saints chez les Abâdhites, voir les ouvrages suivants extrêmement riches en documents puisés aux sources écrites, lesquelles sont, comme on le sait, presque introuvables : A. de Calassanti-Motylinski, *Bibliographie du Mzab : les livres de la secte abâdhite*, in *Bull. de Corresp. afr.*, 1885, fasc. I-II, p. 15-65, spécial. p. 47 seq. (analyse du livre de biographies d'Ech-Chemâkhî); R. Basset, *Les sanctuaires du Djebel Nefoûsa*, in *Journ. asiat.*, t. XIII, mai-juin 1899, pp. 423-470 et t. XIV, juillet-août 1899, pp. 88-120 (sorte d'itinéraire des lieux saints abâdhites du Dj. Nefoûsa, documents très suggestifs); id., *Manuscrits arabes des bibliothèques d'Aïn-Mâdhî*, etc..., in *Bull. de Corresp. afric.*, 1885, fasc. V-VI, p. 481 ; et les livres abâdhites imprimés en Égypte. A ces ouvrages qui ont mis en œuvre les sources écrites, il faut ajouter : A. de Calassanti-Motylinski, *Le Djebel Nefousa*, fasc. II, Paris, 1899 (traduction française d'un itinéraire dans ce pays; information orale ; riche en matériaux d'études).

2) Toutefois le maraboutisme prend chez les Abâdhites des allures très particulières et plus démocratiques que dans le reste du Maghrib. Nous reviendrons plus tard sur ce point.

3) *Op. laud.*, p. 250-251.

4) Von Maltzan, *Reise in den Regentschaften Tunis und Tripolis*, Leipzig, 1870, I, p. 95. La femme, plus ou moins exclue de la mosquée, se serait rejetée vers les marabouts. Von Maltzan est, pour le Maghrib, un auteur précieux : il a presque toujours *vu*, et rapporte consciencieusement.

pousse « à rendre Dieu sensible et à se l'imaginer tel qu'elles le désirent..... Le culte des marabouts n'est jamais que la revanche du cœur et de la fantaisie sur l'abstraction du monothéisme ». C'est fort bien parler, mais c'est parler en philosophe plus qu'en historien, car un même culte a pu se développer partout, mais dans des conditions et avec des tendances fort différentes. C'est en outre oublier que ce culte, étant très certainement antérieur au monothéisme, ne peut être ici exclusivement envisagé comme une revanche prise sur ce dernier. Ce qui serait intéressant, ce serait de retrouver ce qu'était le culte des saints en Berbérie avant l'Islâm. M. Goldziher a émis une opinion très vraisembable et que de nouvelles recherches pourront probablement étayer par des faits, en disant que le maraboutisme du nord de l'Afrique n'est que la forme sous laquelle s'est manifestée dans l'Islâm le goût qu'avaient les anciens Berbères pour la sorcellerie et la vénération dont ils entouraient leurs sorciers et leurs sorcières, qui n'étaient pas du reste de vulgaires magiciens, mais bien des prophètes ou prophétesses et des prêtres[1]. Le savant hongrois cite à l'appui de sa thèse l'abus que font des talismans nos marabouts actuels[2] et rappelle un passage célèbre de Procope, où est affirmé le goût des anciens Maures pour les horoscopes et leur considération pour les devins et prophètes, en particulier pour les prophétesses qui disaient l'avenir à la manière des oracles antiques[3]. Le Maghrib fut de tout temps pour les musulmans la terre des sorciers et cette réputation s'expliquerait de la sorte très naturellement[4].

1) Goldziher, *Almohadenbew.*, p. 48-51.

2) Voy. dans Depont et Coppolani, *Les Confréries religieuses*, p. 135 seq., d'intéressants documents.

3) Procope, *De bello Vand.*, II, 8.

4) Il faudra aussi tenir compte, pour retracer les origines du maraboutisme, en premier lieu du culte des rois maures signalé par Tertullien, Minucius Felix, Cyprien, Lactance et révélé aussi par l'épigraphie ; en second lieu, du culte des ancêtres auquel fait allusion un passage connu de Pomponius Méla. Cpr. Duveyrier, *Touareg du Nord*, p. 415, et de La Mart. et Lac., *Documents pour servir à l'étude du N.-W. africain*, Gouvernement général de l'Algérie, t. I, p. 261 :

Le culte des saints ainsi formé se poursuivit pendant tout le moyen-âge; nous en avons maint exemple chez les historiens et surtout chez les biographes arabes: pourtant il faut bien avouer que l'histoire de ce culte avant le xvie siècle au Maghrib est presque encore tout entière à faire; les matériaux existent, mais leur recherche est pénible. C'est au xvie siècle que, tout d'un coup, sous l'effort d'une poussée religieuse dont aucun historien n'a encore expliqué clairement la nature et la genèse[1], le maraboutisme se développe d'une façon extraordinaire et que les marabouts partis pour la plupart, à ce que l'on prétend, de la Sâguiat-el-H'amrâ, c'est-à-dire du fond du Maghrib extrême, se répandent dans toute l'Afrique Mineure[2]. Ils font souche de saints et fondent des familles, voire des tribus maraboutiques analogues à cette immense tribu des Oulâd Sîdî-Chîkh, originaire de l'est, mais dont l'ancêtre éponyme est justement né en plein xvie siècle, et qui s'étend non seulement dans le Sud algérien et marocain, mais encore jusque dans le Tell oranais[3]. D'autres familles

nous aurons encore à citer cet ouvrage précieux où les auteurs ont réuni, avec leur grande compétence, tout ce que sait la science officielle au sujet du nord du Maroc, du Sud oranais et du Touat. Les sources (archives administratives, informations orales, sources imprimées) sont généralement distinguées.

1) La véritable explication est incidemment indiquée par R. Basset, *Dict. sat. d'Ah'med ben Yoûsef*, p. 6, et un peu plus développée par le même savant in *Rev. H. d. R.*, 1899, mars-avril, p. 359-360 : la poussée religieuse dont nous nous occupons n'est autre qu'une réaction provoquée par les triomphes du christianisme en Espagne et dans l'Afrique du Nord ; cette renaissance religieuse s'est caractérisée sous la triple forme d'un pouvoir politique nouveau, d'une mission religieuse très active et d'une littérature arabe musulmane spéciale à cette époque. M. Basset a souvent, au cours de son enseignement, développé cette thèse, qu'on n'a jamais, à ma connaissance du moins, formulée d'une façon aussi précise, en l'appuyant de preuves décisives. Cependant cf. Houdas, *Nozhet el-H'âdî*, trad., p. II-III, où l'on voit germer quelque idée analogue. Mais son attention paraît avoir été absorbée surtout par la lutte des chérifs filaliens contre les sa'diens.

2) Cf. Masqueray, *Formation des cités chez les populations sédentaires de l'Algérie*, Paris, 1886, p. 122, sur les marabouts kabyles. L'œuvre de M. Masqueray est de la plus haute importance pour tout ce qui concerne la Kabylie, l'Aurès et le Mzâb. L'auteur a séjourné dans ces trois pays et en a rapporté de nombreuses observations et traditions orales.

3) De La Mart. et Lac., *Doc.*, II, p. 758. C'est ce qu'il y a de plus complet sur

maraboutiques sont moins compactes : par exemple, les descendants de Sîdî Ah'med ben Yoûçef[1] qui est enterré à Miliana, sont disséminés à Tioût (Sud oranais), à Aumale, à Relizane, à Tlemcen et au Maroc[2]. La famille de Sîdî-l-Hawwârî[3] est dispersée du Sous à Oran, en passant par Figuig et les Angad (Dhahra marocaine)[4].

Actuellement, autour de nous, le maraboutisme continue à fleurir. Tous les jours la voix populaire sacre marabouts certains individus qui lui semblent avoir reçu de Dieu la *baraka*. Lorsque Trumelet dit qu'aujourd'hui les miracles sont plus rares qu'autrefois[5], c'est une inexactitude, si ce n'est pas une de ces boutades comme il y en a trop dans ses livres : l'auteur même de ces lignes, appelé à administrer les indigènes, ne s'est jamais entretenu avec un de ceux-ci d'un marabout local, même vivant, sans qu'on lui cite quelque miracle relativement récent du saint homme : un tel, après s'être parjuré sur sa tombe s'était brisé un membre en sortant du marabout ; un tel avait été cloué à terre jusqu'à ce qu'il se détournât de quelque résolution mauvaise qu'il avait prise ; un autre ayant voulu entrer dans la grotte du saint avait vu, à son arrivée, l'entrée de celle-ci se rétrécir au point qu'il ne pouvait passer, tandis que ses camarades, n'ayant aucun méfait sur la conscience, la franchissaient facilement[6], etc. Sî-Belqâsem ben el-H'âdj Sa'îd, de l'Edough (Constantine), a tout

la question. On examinera surtout, et dans le détail, avec un vif intérêt, les beaux tableaux généalogiques des Oulâd Sîdî-Chîkh.

1) Sur ce saint voy. R. Basset, *Les dictons satiriques*... L'auteur a épuisé la question et donné par surcroît des renseignements détaillés sur nombre d'autres saints. La plus grande partie du livre est due à l'information orale.

2) De La Mart. et Lac., *Doc.*, II, p. 440. Cf. Dep. et Copp., *Confr. rel.*, 466.

3) Voy. sur ce saint les références données par René Basset, *Fastes chronologiques de la ville d'Oran*, in *Bull. Soc. géog. Oran*, 15e ann., t. XII, fasc. LII, janv.-mars 1892, p. 64. L'auteur a réuni dans ce travail tout ce qu'ont dit les historiens arabes et européens sur Oran pendant la domination des Arabes sur cette ville.

4) Mouliéras, *Maroc inconnu*, II, 419.

5) Trumelet, *Saints de l'Islâm*, p. VIII.

6) Tous ces miracles sont très répandus, il n'en est pas de même de ceux qui suivent.

dernièrement fait mourir, à distance, la femme de son chaouch, parce qu'il avait deviné qu'elle allait commettre l'adultère[1]. Sî Moh'ammed ben Belqâsem, de la zaouia d'El-H'amel, près de Bousaada[2], a, il y a peu d'années, arrêté le train de chemin de fer dans lequel il voyageait, pour faire la prière de l''açer, et le mécanicien ne put faire avancer sa machine que lorsque le saint eut terminé. Nous avons entendu nos élèves de la Médersa de Tlemcen nous raconter les miracles que Sîdî Bou-Sîf, marabout sans ancêtres, fait tous les jours à Beni-Saf (Oran) : il nomme les arrivants sans les voir, connaît le passé de tous et prédit l'avenir de chacun. Son histoire, telle qu'on la raconte (il a 75 ans), est pleine de prodiges et nous avons pu, à Tlemcen, contrôler, sauf quelques variantes sans importance, l'exactitude de sa légende, dont M. Mouliéras a donné le résumé[3].

Ainsi, des témoignages, plus ou moins précis, de diverses époques nous montrent le culte des saints existant en Berbérie à l'aurore de l'histoire et se poursuivant jusqu'à aujourd'hui. Mais les détails de son évolution nous sont mal connus et, somme toute, nous ne disposons pour la retracer que de renseignements généraux et vagues sur une grande partie de son histoire. Quels étaient les rites, le sens du culte des anciens Berbères pour leurs ancêtres, leurs devins, leurs prophètes et prophétesses ? Par quel processus exact ce culte se rattache-t-il au maraboutisme musulman ? Pouvons-nous avoir la preuve matérielle de sa continuité ? Pour le culte des saints musulmans en Orient, on a retrouvé de ces preuves :

1) Seddik (*al.* A. Robert), *Fanatisme et légendes arabes locales*, in *Revue algérienne*, 13e ann., 2e sem., no 13, 30 sept. 1899, p. 408-409. — M. Robert, administrateur de commune mixte, vit parmi les musulmans ; il occupe ses loisirs à recueillir les légendes et coutumes indigènes ; les documents qu'il fournit ainsi sont de première main et fort précieux. — Sur ce marabout de l'Edough, voy. Depont et Coppolani, *Confréries relig. mus.*, p. 449.

2) A. Robert, *Légendes contemporaines*, in *Rev. des Trad. pop.*, t. XII, n 6, juin 1896, p. 315-317. — Voy. sur ce marabout, Depont et Coppolani, *Confr. rel. mus.*, p. 407, avec son portrait en photogravure.

3) Mouliéras, *Maroc inconnu*, II, p. 132, n.

M. Goldziher a rassemblé les plus saisissantes dans son mémoire[1] ; pour prendre un exemple, on a reconnu à propos du pèlerinage de Sidi Ah'med el-Badawî, dans les cérémonies qui l'accompagnent à Tantâ, l'ancien pèlerinage à Bubastis. Le saint musulman a pris la place même de l'ancienne Artémis et depuis la description qu'en donne Hérodote jusqu'au témoignage des voyageurs contemporains nous avons une série de jalons qui nous permettent d'établir la continuité de ce culte. On verra dans l'œuvre du professeur de Budapest une série de ces exemples ; l'épigraphie, les témoignages d'auteurs anciens confrontés avec les modernes, l'onomastique, etc. ont pu servir à établir ainsi l'histoire des cultes locaux qui se continuent dans l'Islamisme. Après avoir rappelé le mémoire de M. Goldziher dans la présente *Revue*, MM. Depont et Coppolani écrivent (nous citons littéralement) : « M. Renan... a relevé, avec tant d'autres orientalistes de talent, des documents qui ne laissent aucun doute sur l'existence, dans les pratiques extérieures de l'Islâm, de glanures des anciens cultes. Mais c'est surtout dans l'Afrique septentrionale que les exemples abondent; en étudiant, sur place, les vestiges dont le sol est encore parsemé, en se reportant aux mœurs et coutumes des peuples autochtones, lesquelles se devinent à travers les lois de l'Islâm, on peut suivre cette marche admirable par laquelle les musulmans sont parvenus à islamiser les croyances populaires des Berbères, et, qui plus est, à les partager et à les soutenir[2]. » Pour notre part, si nous ne nous méprenons pas sur la pensée des auteurs, nous sommes d'un avis tout opposé. On n'a pas, à notre connaissance, trouvé dans l'Afrique du Nord un exemple concret d'un culte musulman local installé à la place d'un culte ancien et perpétuant les rites de celui-ci. Et de fait dans les quinze pages de développements qui suivent la citation donnée plus haut, les auteurs n'ont pas présenté un seul fait

1) Goldziher, *Muh. St.*, II, 325-325.
2) Depont et Coppolani, *Les Confréries religieuses*, p. 102.

de cette nature. Les raisons en sont très simples : les témoignages des auteurs anciens sont trop rares, l'épigraphie indigène ancienne n'existe pour ainsi dire pas ; et du reste l'archéologie, le folklore, l'onomastique berbère et arabe, les recherches particulières sur chaque saint, n'ont pas encore été menées de façons suffisamment parallèles pour donner des résultats. L'attention des archéologues devrait être appelée spécialement sur les ruines qui sont en relation avec un santon quelconque ou qui donnent lieu à des superstitions locales. On n'a jusqu'ici que des résultats partiels : on connaît des noms de dieux indigènes mentionnés à la fois dans l'antiquité et pendant la période islamique ; on sait que des églises ont été remplacées par des sanctuaires musulmans ; on retrouve sous les *mzâra* kabyles des cercles de pierre ou cromlechs ; on a constaté des survivances païennes ou chrétiennes dans un certain nombre de fêtes ; on retrouve même des cérémonies entièrement étrangères à l'Islâm. Mais un exemple décisif, comme ceux qu'on a trouvés en Orient, manque encore. On ne peut encore écrire l'histoire précise des cultes indigènes du Maghrib, de l'influence qu'ont eue sur eux les religions punique, juive et chrétienne et de leur persistance à travers l'islamisme.

Si les documents anciens manquent, les documents modernes et contemporains abondent : le maraboutisme est plus florissant que jamais, mais il a suivi des directions diverses : en Kabylie, par exemple, il s'est constitué en caste sociale indépendante ; au Mzâb, il est devenu une véritable théocratie ; ailleurs il a formé de vastes confédérations comme les Oulad Sidi-Chîkh ; sur nombre de points, il est resté local et indépendant, mais le plus souvent il s'est constitué en confréries mystiques. Nous étudions ici les marabouts en faisant abstraction de leur qualité de *khouân*, en eux-mêmes et sans nous attacher à leurs rapports avec la Divinité, ni aux rites cultuels dont ils sont l'objet de la part des fidèles.

*
* *

Quiconque, au Maghrib, n'a pas vu un grand marabout

parcourant les tribus où il est connu, ne peut se figurer jusqu'à quel point est exact le mot d'anthropolâtrie que nous avons employé déjà plusieurs fois. C'est un spectacle cependant qui n'est pas rare et qui se renouvelle souvent, même dans les rues d'Alger, lorsqu'un marabout influent vient passer quelque temps au chef-lieu. On se précipite sur le passage de ce saint homme, pour baiser le pan de son burnous, pour baiser son étrier, s'il est à cheval, pour baiser même la trace de ses pas, s'il est à pied; il a peine à fendre la foule de ses adorateurs. Arrive-t-il près de l'hôtel où il doit séjourner, vingt bras l'enlèvent et le montent au premier ou au deuxième étage[1]. On le supplie de prendre un peu, une bouchée seulement de la nourriture qu'on a préparée pour soi-même, et, s'il refuse, on lui demande, comme faveur, de vouloir bien cracher dans les mets que l'on se dispute ensuite pour les manger[2]. Ceux qui ont vu le chérif d'Ouazzân en tournée en Algérie ont, disent-ils tous, emporté une impression ineffaçable de l'idolâtrie dont ce gros homme était l'objet. Rohlfs, nous l'avons vu plus haut, avait été vivement frappé du prestige extraordinaire du chérif. Lui-même, dans son voyage, se faisant passer pour un chérif et se présentant de la part de la famille d'Ouazzân, put se croire un saint : on lui apportait les malades pour les guérir et la courroie de son révolver, qui venait du chérif d'Ouazzân, était l'objet d'un véritable culte[3]. Dans sa narration, du reste, il se sert du mot *Menschenkultus*, tandis qu'il aurait pu dire, par exemple, *Heiligenverehrung*. Ce qui fait d'autant plus ressortir ce caractère an-

1) A. Robert, *Lég. cont.*, *l. c.*, rapporte ce dernier trait au sujet de Si Moh'ammed ben Belqâsem. Cf. ci-dessus, p. 356, n. 2.

2) Voir dans Von Maltzan, *Drei Jahre im Nordwesten von Afrika. Reisen in Algerien und Marokko*, Leipzig, 1868, IV, 232-233, sa stupéfaction lorsqu'il vit pareille chose se passer devant lui au Maroc. — Le livre précité est excellent comme tous ceux de l'auteur, un des voyageurs les plus remarquables qui aient visité l'Afrique du Nord.

3) Rohlfs, *Reise durch Marokko*, Brême, 1868, p. 28 (au sujet des Benî-Mtir). L'éloge de la traversée de l'Atlas et du désert par Rohlfs n'est plus à faire.

thropolâtrique, c'est que les populations qui vénèrent le plus leurs marabouts sont justement les Berbères les plus tièdes en matière religieuse. Tout le monde sait le prestige immense dont jouissent les marabouts dans la Grande Kabylie : or, les indigènes de cette région sont, de toute l'Algérie, ceux sur qui l'Islâm a eu le moins de prise et qui sont le moins pratiquants : ils ignorent sûrement, nous parlons de la foule, la doctrine de la *chefâ'a*, c'est-à-dire de l'intercession, et il est fort à craindre que celle-ci ne soit qu'un compromis entre les théologiens et le peuple.

Le marabout étant regardé comme un être tout-puissant, soit que l'on considère qu'il tient son pouvoir de la *baraka* divine, soit qu'on voie simplement en lui un mortel supérieur à tous les autres, ce qui arrive le plus souvent, peut cependant voir son impuissance éclater aux yeux de ses fidèles d'une manière irréfragable : c'est ainsi que les marabouts kabyles qui avaient déclaré inviolables les montagnes qu'ils protégeaient de leur *baraka*, furent fort discrédités lorsque nos colonnes prirent d'assaut, en 1857, les sommets réputés les plus imprenables[1]. Il y a d'autres populations chez qui ce sentiment est beaucoup plus naïvement traduit. Chez les Doui-Belâl, tribu fort irréligieuse du Sahara marocain, lorsqu'on part en razzia on emmène un marabout ; si la razzia réussit, il touche une part énorme ; sinon, on l'accable de reproches, on ne lui donne rien, on ne l'emmènera plus une autre fois : c'est un mauvais marabout[2]. Le saint n'est plus ici qu'un talisman que l'on emporte avec soi et dont on se débarrasse dès qu'on s'aperçoit de son inefficacité.

Un second caractère des marabouts, c'est qu'ils sont en général *locaux*. Il y a à la vérité tous les degrés : on trouve le marabout topique dont l'influence est circonscrite à un

1) Cf. Hanoteau et Letourneux, *La Kabylie et les coutumes kabyles*, 2e éd., Paris, 1893, II, p. 102-104. Il est inutile de faire l'éloge de cet ouvrage. Il a rallié tous les suffrages et presque épuisé son sujet. Cf. Carrey, *Récits de Kabylie*, 1 vol., Paris, 1876 ; p. 107-108.

2) De Foucauld, *Reconnaissance*, p. 157.

village, et celui qui étend cette même influence à toute la tribu ou à plusieurs tribus. Mais cette influence est toujours délimitée. Ils ont, si j'osais emprunter une expression juridique, une compétence surtout *territoriale*. Des marabouts de haute volée, comme le grand chérif d'Ouazzân, sont sans aucune influence et même totalement inconnus dans une grande partie du Maroc [1]. Les marabouts les plus vénérés de ce pays, les descendants de Moulaye Idrîs, le fondateur de Fez, sont à peu près universellement connus, mais encore revêtent-ils un caractère national en quelque sorte aux yeux des Marocains. De même Sidi 'Abdelqâder el-Djîlânî [2] est devenu le marabout national de tout le Maghrib, comme Ah'med el-Badawî et Ibrâhîm-ed-Dosoûqî pour l'Égypte. Ce ne sont pas du reste les marabouts dont l'influence est la plus étendue qui sont les plus puissants. Il en est qui en n'exerçant cette influence que sur un territoire relativement restreint, y règnent néanmoins en maîtres absolus. Quand de Foucauld entra à Bou-l-Dja'd (Tadla) on lui dit : « Ici, ni sultan ni makhzen, rien qu'Allâh et Sidi Ben Dâoûd [3]. » Il est le seigneur sans appel de la plus grande partie du Tadla, il ne s'appuie sur aucune confrérie religieuse, il n'est même pas chérif au vrai sens du mot, puisqu'il descend seulement, à ce

1) De Foucauld, *Reconnaissance*, p. 163-164.

2) On dit en Algérie *Djîlâlî*, par permutation du ل et du ن (cf. Fischer, *Marokk. Sprichw.*, ex *Mitth. d. Sem. f. Orient. Spr.*, ann. 1898, p. 4, n. 1 du t. à p.). *Djîlânî*, et par abréviation *Djîlî*, veut dire « originaire du Guilân, province de Perse ». Il est temps que l'erreur persistante qui fait naître ce saint à Djîl, près Baghdad, cesse enfin. Elle a cependant été relevée maintes fois. Il est affligeant de la voir se perpétuer dans des ouvrages de grande importance comme ceux de M. Rinn et de MM. Depont et Coppolani. La signification du mot Djîlânî est indiquée sur le titre même du *Bahdjat-el-Asrâr*, que MM. Depont et Coppolani citent d'après M. Rinn qui le cite lui-même d'après Boû-Râs, quoique ce livre, imprimé au Caire, soit très répandu à Alger. Pour renseignements bibliographiques sur ce saint, voyez R. Basset, *Dictons d'Ah'med ben Yoûsef*, p. 11, n. 1, auquel on peut ajouter la notice donnée dans le Manuel de Brockelmann. La bibliographie donnée par C. et D. en tête de leur chapitre sur les Qadriyya pourra être ainsi augmentée de quelques articles et rectifiée sur plusieurs points (p. 294).

3) De Foucauld, *Reconnaissance*, p. 52 seq.

qu'il prétend, de 'Omar-ben-el-Khet't'âb : c'est un exemple typique de maraboutisme régional n'ayant subi aucune déformation.

Puisque nous en sommes sur le chapitre de l'influence respective de certains marabouts et du sultan, on nous permettra de rappeler au lecteur le chapitre où Von Maltzan raconte ses démêlés avec le gouverneur de Mogador qui voulait absolument l'empêcher d'aller à Maroc, sous prétexte qu'il n'avait pas de permission de l'empereur; las de ses tribulations, notre voyageur eut enfin l'idée de faire une *zidra* à un marabout du pays, Moûlaye Ismâ'îl, en ayant soin de ne pas se présenter les mains vides. Celui-ci, sans permission de qui que ce fût, le conduisit en sécurité à Fez et l'excusa lui-même près du sultan d'être venu sans permission[1]. Il n'en est pas autrement aujourd'hui dans l'intérieur, et en maint endroit on ne voyage qu'avec la protection des marabouts : c'est un point sur lequel nous aurons occasion de revenir en parlant de la *zet'ât'a*. Nous venons de citer Sidi Ben Dâwoûd qui ne rend d'hommage au sultan que celui, bien platonique, qui est contenu dans la *khotb'a*. Il en est de même d'une infinité d'autres petits santons de moindre envergure qui font seuls la loi dans leur pays : le livre de M. Mouliéras en contient d'innombrables exemples pour le Rîf et les Djebâla, celui de M. de Foucauld pour le Sud marocain[2]. Les chefs des zaouias de Ouazzân, de Tamegrout, de Tazeroualt, de Bou-l-Dja'd, de Metghâra[3] sont des personnages avec lesquels le sultan doit composer. Ils peuvent, à leur gré, lancer contre lui des tribus nombreuses et bien armées ou les retenir : en 1881, au moment de l'insurrection de Bou-'Amâma, le chef de la zaouia de Metghâra lança contre nous les Aït-Atta et les Aït-Iafelman, puis un peu plus

1) Von Maltzan, *Drei Jahre in N. W. Afr.*, IV, pp. 159-166.

2) Voir, p. 114, un récit fort instructif et qui montrera le cas qu'on fait, chez les Zenâga, de la puissance du sultan en regard de celle d'un grand marabout.

3) De Foucauld, *Reconnaissance*, p. 293, 303, 342, 352; Quedenfeldt, *Einth. u. Verbr.*, *l. c.*, p. 127; Harris, *Tafilet*, p. 145.

tard, pour des motifs personnels, il leur donna contre-ordre[1].

Ainsi nous voyons les indigènes de la seule contrée de l'Afrique Mineure qui n'ait pas encore subi le joug du chrétien, placer ses marabouts au-dessus du souverain lui-même, lequel cependant est avant tout un souverain spirituel, le descendant de Fât'mat-ez-Zohrâ, la fille du Prophète. Il y a plus : chaque région a son marabout vénéré qu'elle cherche à mettre au-dessus de tous les autres, même au-dessus du saint des saints, du *qot'b*, du pôle Sîdî 'Abdelqâder-el-Djîlânî. La légende rapporte en effet qu'à la naissance du saint Moûlaye 'Abdesselâm ben Mechîch, le plus révéré chez les Djebâla, des myriades d'abeilles venues des quatre coins de l'horizon s'abattirent sur son visage[2]. En même temps; Sîdî 'Abdelqâder-el-Djîlânî apparaît sur le seuil de la porte et s'écrie : « Quelqu'un de plus grand que moi vient de naître », et il baise l'enfant au visage[3]. Sîdî Chîkh, l'ancêtre éponyme de la grande tribu du Sud oranais, s'appelait primitivement 'Abdelqâder; il faisait miracles sur miracles; un jour, une femme ayant laissé tomber son enfant dans un puits, invoqua le saint homme; il accourt sous terre instantanément et reçoit l'enfant dans le puits avant qu'il n'eût touché l'eau; mais 'Abdelqâder-el-Djîlânî avait cru que c'était lui qu'on invoquait et était accouru de Baghdâd tout aussi instantané-

1) Quedenfeldt, *Einth. u. Verbreit.*, p. 191. Ce serait ici le lieu de dire quelques mots de la puissance des chérifs d'Ouazzân et des chérifs Idrissides. Mais ce serait aussi sortir du cadre des études religieuses et entrer dans l'exposé de la politique intérieure du Maroc, car le chapitre d'Ouazzân et celui de Moûlaye Idrîs sont autant des partis politiques que des maisons religieuses. Voir les ouvrages cités (De La Mart. et Lac., Mouliéras, de Foucauld; Harris, *Tafilet*, p. 336; etc.).

2) Les abeilles dans ces conditions ont toujours passé pour un présage de grandeur. Voir à ce sujet la longue et érudite note donnée par René Basset; *Histoire de la conquête de l'Abyssinie*, trad. fr., fasc. I, Paris, 1897, p. 26-28. Nous y relevons qu'Ibn Khallikân raconte à propos d''Abdelmoûmen, le fondateur de la dynastie des Almohades, une légende tout à fait analogue.

3) Cette légende est rapportée par Mouliéras, *Maroc inconnu*, II, p. 162-163. Lire dans cet ouvrage la très intéressante notice sur 'Abdesselâm ben Mechich (p. 159 seq.).

ment. « Qui invoquait-on donc? », demande-t-il. — Sans doute, répond l'autre, le plus puissant de nous deux. — C'est moi, dit le pôle, et désormais pour qu'il n'y ait plus de confusion tu ne t'appelleras plus 'Abdelqâder, mais bien Sîdî Chîkh. » Ici encore nous retrouvons la préoccupation de placer le saint régional au moins sur un pied d'égalité avec le célèbre El-Djîlânî[1]. De là à s'élever au niveau du Prophète, il n'y a pas très loin : en fait les bourgeois de Fez et la plus grande partie de la population du nord du Maroc considèrent Moûlaye Idrîs à l'égal du Prophète. Le fondateur de Fez est tellement vénéré qu'on a trouvé des h'adîts pour prédire la fondation de sa ville. L'auteur du *Qart'âs* rapporte une telle tradition, avec les témoignages à l'appui. En voici une variante populaire : « Le Prophète, pendant l'ascension nocturne, demanda à Gabriel quelle était cette tache blanche qu'il apercevait sur la terre; Gabriel lui répondit : « C'est « une ville qui apparaîtra plus tard; on l'appellera Sâf, puis « ensuite Fâs; la science s'échappera du sein de ses habi- « tants, comme l'eau s'échappera de ses murailles[2]. » — M. Goldziher a relevé ce passage d'Ibn Bat'oût'a où il est question d'un anachorète de Syrie qui osa se prétendre supérieur à Mahomet, parce qu'il se passait de femmes, tandis que le Prophète ne l'avait pas pu : il fut mis à mort[3].

1) De La Mart. et Lac., *Documents*, II, 762; Depont et Coppolani, *Confréries musulmanes*, p. 469, n. 3.

2) Voici le texte de cette tradition très populaire, telle qu'elle m'a été écrite par Sî-l-Mîloûd ben 'Abderrah'mân, 'adel à Frenda (Oran); je respecte entièrement l'orthographe. D'*isnâd*, il n'en est pas question naturellement; la foule ne s'embarrasse pas de cela :

النبي اسال جبرائل عليه السلام ليلة المعراج على موضع يضنهر يبض في الارض
قال له هذيك مدينة تضنهر في اخر الزمان يقال لها ساف وبعد ذلك يقال لها فاس
ينبوا العلم من صدور اهلها كما ينبوا الماء من حيطانها

Quant à la tradition du *Qart'âs*, elle se trouve à la page 42 de la traduction Beaumier, Paris, 1860, à laquelle du reste on doit toujours préférer l'édition Tornberg; mais nous n'avons pas cette dernière sous la main.

3) Goldziher, *Muh. St.*, II, 290.

Les esprits forts des Benî-'Aroûs, la patrie de Sidi 'Abdesselâm ben Mechîch, ont été plus loin, puisqu'ils répètent parfois entre eux ce dicton sacrilège : مولاي عبد السلام هو اللّى خلق الدنيا والدين • والنبي الله يرحمه مسكين, c'est-à-dire : « C'est Moûlaye 'Abdesselâm qui a créé le monde et la religion ; quant au Prophète, que Dieu ait pitié de lui, le pauvre[1] ! »

La sainteté du marabout s'étend à tout ce qui l'environne, aux personnes de son entourage et, en première ligne, à son *moqaddem*. Tout marabout vivant a son moqaddem[2], qui est près de lui un véritable domestique, vaque aux affaires temporelles, balaye la zaouia ou la retraite du saint homme et en même temps réchauffe le zèle des fidèles lorsqu'il est besoin. Le marabout mort, le moqaddem devient le gardien du tombeau[3], de père en fils, et s'approprie les offrandes des fidèles. C'est une charge fort lucrative. La plupart du temps, les gardiens des tombeaux de saints n'appartiennent pas à la famille du marabout ; ces fonctions sont, avons-nous dit, héréditaires, et il arrive continuellement que la famille du moqaddem devient plus influente que celle du marabout, parfois dispersée et souvent disparue. Aussi le gouvernement français a-t-il transformé quelques moqaddems de tombeaux importants en fonctionnaires que l'autorité locale nomme et révoque sans s'astreindre toujours à les prendre dans la même famille[4]. Même dans de grandes zaouias, dans la plus grande

1) Mouliéras, *Maroc inconnu*, II, 159.

2) Dans beaucoup de pays, on l'appelle simplement *châouch*.

3) Dans l'est de l'Afrique Mineure le gardien de tombeau a nom *oukîl*, dans l'ouest *moqaddem*. Mais partout, le mot *moqaddem* a un autre sens dans la hiérarchie des confréries mystiques. Ce double sens a été la source, dans le département d'Oran, de confusions nombreuses dans les pièces administratives.

4) Il en est ainsi, par exemple, du moqaddem de Sîdî Boû Mdièn, à Tlemcen. Ce fonctionnaire doit avoir, au reste, des aptitudes spéciales : il doit savoir, en particulier, parler français et donner des explications aux innombrables touristes qui viennent visiter le beau mausolée du saint. Le moqaddem actuel Sî-l-Ma'çoûm s'acquitte avec une grande courtoisie de cette partie de ses fonctions. Un des moqaddems précédents non seulement percevait les *zidra* ou offrandes des fidèles, mais encore rançonnait les visiteurs européens. Sî-l-Ma'çoûm est

de toutes, peut-être, la zaouïa de Moûlaye Idris à Fez, le moqaddem n'est pas un descendant du célèbre saint, quoique ceux-ci cependant pullulent au Maroc ; il n'est même pas chérif[1], mais son influence est immense. « Ce n'est que par cette influence que le sultan du Maroc exerce un semblant d'autorité sur les Riâtsa. Des bords de l'Innaouen aux rives de la Méditerranée, les tribus chargent le moqaddem en chef de leurs affaires à Fez. Le sultan désire-t-il quelque chose de l'une d'elles? il s'adresse à lui[2]. » Sans sortir de la ville où nous écrivons ces pages, nous pouvons trouver d'intéressants exemples de moqaddem ayant supplanté leur patron : car c'est un fait très fréquent dans l'histoire des petits établissements religieux d'Alger que de voir la célébrité de l'un des administrateurs absorber celle du saint et il arrive même que le souvenir de celui-ci soit perdu. Une zaouia consacrée à Sîdî Bou-t-Teqâ (Betqâ)[3], ainsi qu'il est prouvé par d'anciens actes, cesse d'être connue sous ce nom et prend celui de zaouia Tchekhtoun, nom d'un de ses administrateurs, un Turc probablement. Une mosquée où était vraisemblablement inhumé Sîdî 'Isâ ben el-'Abbâs, désignée par son nom dans les actes

plus digne que cela; c'est un produit des Médersas nouvellement réorganisées et il a quelque instruction : à notre première visite, il voulut bien nous prouver clair comme le jour que nous ne savions pas un mot de l'histoire des musulmans. Par sa piété ardente et exclusive, par ses allures ascétiques, il a de l'influence sur la population fanatique qui l'entoure et pourrait rendre service à l'administration.

1) De Foucauld, *Reconnaissance*, p. 25, n.

2) De La Mart. et Lac., *Documents*, I, 365. Cpr. Quedenfeldt, *Einth. u. Verbreit*, etc., p. 191.

3) Cet exemple est d'autant plus remarquable que Sîdî Betqâ était célèbre dans l'Alger turc; il était enterré près de l'ancienne porte Bab-Azzoun ; il dominait la mer et tout navire en sortant du port devait saluer sa *qoubba*. Il délivra Alger lors de l'attaque de Charles-Quint, en déchaînant avec son bâton, dont il frappait la mer, la fameuse tempête qui détruisit la flotte de l'empereur. Mais cette délivrance miraculeuse lui fut contestée par plusieurs personnages plus ou moins religieux. Voyez à ce sujet Devoulx, *Édifices religieux de l'ancien Alger*, in *Rev. afr.*, XIIIe année, n° 74, mars 1869, p. 129-130. Cf. Haedo, *Top. et hist. d'Alger*, trad. de Grammont, in *Rev. afr.*, n° 85, janvier 1871, XVe année, p. 44 et n., et même année, n° 87, mai, p. 224.

anciens du XVIe siècle, n'est au XVIIIe que la mosquée d'Er-Rokrouk, un de ses imâms du XVIIe siècle et, à notre arrivée à Alger, on ne connaît plus Sidi Aïssa (c'est l'orthographe usuelle de ce nom) : à cette époque les actes la désignent sous le nom de *mesdjed* Er-Rokrouk, dont est imâm 'Abderrah'man ben El-Badawî, descendant du saint Sîdî Moh'ammed ben 'Abderrah'man » et qui vraisemblablement aurait à son tour donné son nom à la mosquée[1], si celle-ci n'avait dû être détruite.

S'il est vrai que l'on puisse dire que le culte des marabouts est universel au Maghrib, il y a cependant quelques réserves à faire; c'est ainsi que chez un certain nombre de purs nomades sahariens, les santons paraissent n'avoir qu'une considération moindre que celle qu'ils obtiennent ailleurs. Il semble bien que chez les Touareg, si peu religieux du reste, leur influence soit beaucoup plus faible qu'en Kabylie, par exemple, où les indigènes sont des Berbères presque aussi purs que les Touareg. Cela ressort de la lecture des ouvrages de Duveyrier, Deporter et Bissuel[2]. Un certain nombre de tribus ma-

1) Ces deux exemples sont extraits de l'ouvrage précité de Devoulx, 1869, *Édif. rel. de l'anc. Alger*, in *Rev. afr.*, XIIIe année, no 73, janvier 1869, p. 27-28. Cf. XVIe ann., no 81, mai 1870, p. 284. Le travail de Devoulx a été réuni en un volume, Alger, 1870. Cet ouvrage, beaucoup trop méconnu, présente le résultat du dépouillement aussi consciencieux que pénible, des actes officiels (h'obous généralement) relatifs aux établissements religieux de l'ancien Alger jusqu'à nos jours. C'est un véritable trésor de documents pour l'histoire religieuse d'Alger. On y trouvera d'autres exemples du fait que nous signalons. Quelquefois, au lieu d'être supplanté par un de ses oukîl, le marabout enterré dans une zaouia l'est par un de ses confrères en sainteté. Ainsi une zaouia de l'ancien Alger était celle où se trouvait la tombe de Sidi Aïssa ben Lah'sen. Plus tard on y inhuma le chérif Ah'med ben Sâlem el-'Abbâsî, qui fit définitivement oublier le premier (Devoulx, *op. laud.*, *Rev. afr.*, XIVe année, no 81, mai 1870, p. 281).

2) Deporter, *Extrême-Sud de l'Algérie*, Alger, 1890. Ouvrage sur le Sahara, fait par renseignements oraux et dans les meilleures conditions par un officier de l'administration des affaires indigènes. Les explorations de M. Flamand dans l'Extrême-Sud oranais ont confirmé l'exactitude de ces renseignements en ce qui concerne cette région. Le livre ne contient que des documents d'ordre géographique et politique. — Bissuel, *Les Touareg de l'ouest*, Alger, 1888. Résultat de l'interrogatoire par un chef de bureau arabe de sept prisonniers touareg internés au fort Bab-Azzoun à Alger. Voyez p. 31. — Duveyrier,

raboutiques des Touareg sont serves (*imrad*), ou tout au moins tributaires d'autres groupes sans caractère religieux[1]. Chez les Doui-Belâl, nomades incorrigibles du Sud marocain, les marabouts ne sont pas vénérés : ils ont beau venir faire des tournées de quête, on ne leur donne rien. « Si les marabouts insistent, ils les traitent de fainéants et les renvoient en se moquant d'eux[2]. » Il semble d'ailleurs qu'en général les vrais nomades, sans centre d'agglomération bien caractérisé, soient très peu religieux. Ce n'est pas spécial au Maghrib : Palgrave nous a représenté les Bédouins de l'Arabie comme « incapables de recevoir ces influences sérieuses, de se soumettre à ces croyances positives, à ce culte régulier, qui ont donné aux habitants du H'idjâz, un caractère stable et nettement accusé », et comme n'observant *aucun* des devoirs religieux musulmans[3]. C'est donc en même temps que les agglomérations que la religion se développerait, c'est dans les villes qu'elle serait le plus ardente.

Même chez les sédentaires du Maghrib il peut parfois y avoir des actes d'hostilité contre des marabouts : cela s'explique alors par des causes spéciales. Ainsi les Benî-Messâra, serviteurs religieux de la maison de Ouazzân, ont souvent pillé la ville[4]. Cela tient à ce qu'au point de vue religieux, « ils sont bien serviteurs de la famille des chérifs ouazzâniens, mais que, politiquement, ils sont très hostiles à la branche aînée, c'est-à-dire aux fils d'El-H'âddj 'Abdesselâm..... Tout en allant au tombeau de Moûlaye 'Abdallâh ech-Cherîf, ils vo-

Touareg du Nord, p. 332 sqq. — Cf. Rinn, *Nos frontières sahariennes*, Alger, 1886, p. 10 (extr. de la *Rev. afr.*).

1) Deporter, *op. laud.*, p. 351, 362 et *passim*. Cependant le même auteur cite des marabouts touareg, qui font métier d'escorter les caravanes moyennant finances et qui jouissent d'une haute autorité (p. 366). Il y a peut-être là un cas particulier ; la tribu en question est riche et rien ne prouve qu'elle tient son autorité de son caractère maraboutique.

2) De Foucauld, *Reconnaissance*, p. 121.

3) Palgrave, *Voyage dans l'Arabie centrale*, I, p. 14-16.

4) Mouliéras, *Maroc inconnu*, II, p. 469-470. — De La Mart. et Lac., *Documents*, p. 374-375.

lent à l'occasion jusqu'aux draperies du cercueil. D'autre part dans leurs incursions ils n'épargnent pas plus les filles des chérifs que les autres »[1]. Ajoutons qu'il faut tenir compte du caractère turbulent, belliqueux et grossier de ces tribus[2]. Il court aussi, même dans les pays les plus dévots, des aphorismes peu flatteurs sur les marabouts, surtout parmi les lettrés. On dit par exemple : لكل ولي وعدته, « A chaque saint sa *oua'da* (repas en l'honneur d'un marabout »)[3], c'est-à-dire : « Comme on connaît les saints on les honore », ou encore : كم من يزار مقامه في النار, « Que de prétendus saints (où l'on va en *zidra*) sont en enfer! », ou encore : اربعين ولي مقام مولاي عبد القادر الجيلاني تشد في ركاب صحابي, « Quarante saints comme Sidi 'Abdelqâder el-Djîlânî (sont à peine dignes de) tenir l'étrier d'un compagnon du Prophète »[4], mais ces dictons ne sauraient prévaloir contre les faits, qui nous montrent le maraboutisme comme le véritable culte des indigènes actuels de l'Afrique Mineure.

* * *

Dans les premières pages de ce travail, nous avons déjà bien des fois écrit les mots : *marabout*, *sidi*, *chérif*. On jugera sans doute qu'il ne serait pas inutile de préciser la signification de ces termes, dans la mesure du possible.

Commençons par le mot principal, celui que la foule va répétant chaque jour et dont nous avons cru pouvoir former ce néologisme : *maraboutisme*. Écartons d'abord une étymologie très répandue, mais manifestement inexacte, celle qui fait venir *marabout* du mot *merboût'* qui veut dire « lié, enchaîné, attaché ». Cette étymologie permettrait, il est vrai, d'établir

1) De La Mart. et Lac., *Documents*, I, 374-375. Les tribus des Djebâla ont l'habitude dans leurs razzias d'enlever les filles et les jeunes garçons dont ils font des prostituées et des mignons. Cf. même ouvrage, p. 408, 438, 441, et Mouliéras, *Maroc inconnu*, II, 14, 64, 39, 51, 76, etc.

2) Mouliéras, *op. laud.*, 453-486, sur les Benî-Messara.

3) Mouliéras, *op. laud.*, p. 709, n.

4) Mouliéras, *op. laud.*, p. 628, pour ces deux derniers dictons.

un parallélisme curieux entre le mot arabe et le mot français *religieux*, qui viendrait, d'après des autorités compétentes [1], du mot latin *religare*, lequel veut justement dire aussi : « lié, attaché ». Malheureusement, il faut abandonner ce séduisant rapprochement. Les Arabes ne prononcent pas *merboût'* مربوط mais bien *merâbet'*, presque *merâbot'*, مرابط : nous devrions ici écrire *merâbet'* et non *marabout* qui est une altération dont les Européens sont seuls responsables. Il suffit d'ailleurs d'avoir entendu prononcer une fois le mot *merâbet'* pour voir qu'il n'a rien de commun avec *merboût'* [2]. Ce dernier mot veut dire à Alger *lié* et a aussi le sens d'*impuissant*, comme le français *noué*, et on s'exposerait à provoquer le rire dans le cas où on demanderait, par exemple : « Sidi Un Tel est-il merboût' [3]? » Chez les auteurs maghribins *merboût'* a parfois aussi le sens de *msebbel* (*mousabbal*, مسبّل), qui veut dire littéralement « consacré » [4], mais avec une acception spéciale : il s'applique en effet à des gens qui, pendant la guerre, faisaient vœu de défendre jusqu'à la mort une position désespérée. Cette coutume existait encore dans la Kabylie lorsque nous en fîmes la conquête : un certain nombre d'hommes juraient de défendre le village jusqu'à la mort et, pour s'empêcher de fuir, s'attachaient les uns aux autres. Ils se faisaient tuer jusqu'au

1) Voy. une note intéressante à ce sujet de M. A. Réville, *Prolégomènes de l'Histoire des Religions*, p. 5.

2) On est surpris de trouver cette erreur dans un livre aussi remarquable que celui de Hanoteau et Letourneux, *Kabylie*, p. 83, n. 1.

3) Cependant Kasimirski, dans son *Dictionnaire arabe-français*, donne مربوط avec le sens de « marabout, ascète, illuminé ». Peut-être le mot se trouve-t-il dans quelque texte avec cette acception. Nous en doutons fort; en tout cas ce ne doit pas être dans un auteur maghribin, car dans l'arabe parlé du nord de l'Afrique *merbout'* n'a jamais eu le sens de *merâbet'*.

4) Cf. p. ex. *Voyage d'El-Aïdchi*, trad. Berbrugger, in *Expl. scient. de l'Alg.*, t. XI, p. 112. Nous devons dire toutefois que nous n'avons pas confronté le texte avec la traduction, ce qui est souvent indispensable lorsqu'on se sert de cet ouvrage. La traduction est du reste incomplète et les morceaux omis paraissent justement être au nombre de ceux qui auraient pu être intéressants au point de vue religieux.

dernier et nos soldats furent plusieurs fois obligés de passer sur le corps de ces *imessebelen*, ainsi que les appelaient les Kabyles[1]. Le fait que ces hommes étaient, chez les Kabyles, liés ensemble doit, à notre avis, expliquer le sens spécial du mot *merboûť* en cette occurrence.

Dès le moment que l'on reconnaît que le mot *marabout* est l'altération de مرابط, l'étymologie n'est plus douteuse : car on voit de suite que le mot مرابط est directement en relation grammaticale avec le mot رباط, *ribâť*[2], dont le sens est bien connu. Les ribâť étaient des forts bâtis sur les frontières des empires musulmans et où une garnison de volontaires défendait le territoire de l'Islâm contre les attaques des étrangers. C'était une forme du *djihâd*, de cette guerre sainte qui est un devoir pour les musulmans[3] ; on allait dans les ribâť pour y conquérir des titres à la faveur divine, comme on s'engageait jadis chez nous pour un temps parmi les chevaliers de Malte. On trouve dans les textes des expressions comme celle-ci : حتى نقضي رباطنا, « jusqu'à ce que nous ayons fini notre ri-

1) Voy. l'intéressant article de Robin, *Les Imessebelen*, in *Rev. afr.*, XVIIIe ann., n° 108, nov.-déc. 1874, p. 401-402. Faut-il rapprocher de cette expression le sanctuaire appelé Tidji n Msabilen, mentionné par R. Basset, *Sanctuaires du Dj. Nefousa*, in *Journ. asiat.*, mai-juin 1899, p. 469 ?

2) Depont et Coppolani, *Confréries musulmanes*, p. 123, n. 2, écrivent bien : « رباط, lieu de retraite et de prière », mais ils ajoutent aussitôt : « de là مربط *mrabet*, marabout ». Or, premièrement مربط ne peut se transcrire par *mrabeť* et, en second lieu, ce mot ne peut signifier que « lieu où on attache des bestiaux, écurie, étable » et non « marabout ». On croirait à une coquille si le mot arabe n'était vocalisé ; d'ailleurs, la note en question est la reproduction d'une note de la traduction du *Qarťâs*, par Beaumier (p. 171, n. 1), ce qui déplace la responsabilité. Par une contradiction absolument inexplicable, la note 4 de la même page donne très justement la véritable étymologie. Toutefois les auteurs semblent faire remonter seulement l'usage du mot مرابط à la dynastie des Almoravides. Or il y avait des *ribâť* et des *morâbiť oûn* bien avant cette époque.

3) C'est un devoir pour la collectivité (فرض كفاية) et non un devoir individuel (فرض عين), ce qui rend d'autant plus méritoire l'acte de celui qui y prend part.

bât' »[1], c'est-à-dire, notre séjour (un temps déterminé) dans le ribât'. Il y avait aux premiers siècles de l'hégire une série de ribât' depuis l'océan Atlantique jusqu'à l'Indus[2], qui étaient comme liés entre eux et reliés au territoire musulman (ربط, « lier ») et dans lesquels on se livrait alternativement à la guerre et à des exercices de piété. On y envoyait son fils pour quelque temps[3] et il y acquérait une sorte de titre. Par la suite un grand nombre de ribât' ne furent plus que des lieux de retraite, de dévotion, et ce mot prit le sens de « couvent ». Le nom de Rebât' resta ainsi à quelques villes où il y avait eu un de ces établissements : Tâza, au Maroc, s'appelait jadis Rbât'Tâza[4] ; mais l'exemple le plus connu est celui de Rbât'el-Fath' (le fort de la victoire), qui est la Rbât' moderne (Rabat, chez les Européens) située sur la côte occidentale du Maroc en face la ville de Slâ (Salé)[5]. Le mot *râbit'a* (رابطة) est synonyme de *ribât'* dans ses deux sens et souvent employé par les auteurs[6]. On a détruit à Alger, en 1832, au-dessous de la

1) Kosegarten, *Chrestomathia arabica*, Leipzig, 1828, p. 41 (extrait du *Kitâb Asoudq el-Achoudq*, du chikh El-Biqâ'i).

2) Voy., dans la *Géographie* d'El-Idrîsî, l'énumération d'un grand nombre de ribât' orientaux, éd. Jaubert, Paris, 1836, t. I (consulter l'index). Cf. la note claire et précise donnée à ce sujet par le savant de Slane dans sa traduction d'El-Bekrî, Paris, 1859, p. 19, n. 5.

3) ووجه موسى ابنه الى طنجة مرابطا على ساحلها, « Et Mousa envoya son fils pour servir dans un ribât' de Tanger, sur le rivage de cette ville » (Ibn el-Abbar, in Dozy, *Notices sur quelques mss. ar.*, Leyde, 1851, p. 31). D'autres fois le mot *ribât'* semble employé dans le sens de « croisade ». Cf. *Et-Tordjman* d'Ez-Ziânî, éd. Houdas, p. 22, l. 7, d'en b., du texte et p. 42 de la traduction. Ez-Ziânî contient d'assez nombreux renseignements au point de vue religieux et est un annaliste consciencieux qui dédaigne la rhétorique ordinaire des auteurs arabes.

4) *Qart'âs*, trad. Beaumier, p. 556 ; Ibn Khaldoûn, *Berbères*, éd. de Slane, IV, p. 187 et *pass.* ; El-Oufrânî, *Nozhet el-H'âdi*, éd. Houdas, p. 37, 420 ; etc...

5) Voir à propos de la ville de Rbât' une intéressante note sur le mot رباط, *in* Fischer, *Marokk. Sprichw.*, p. 2 du t. à p. (Ex. *Mitt. d. Sem. f. Or. Spr.*, Jahrg. I, 1898).

6) Il y avait une رابطة du côté d'Oran dans laquelle se réfugia Yoûsof ben Tâchefîn fuyant devant 'Abdelmoûmen, comme en témoigne Ez-Zerkachi, *Chronique des Almohades et des Hafcides*, trad. Fagnan, Constantine, 1895, p. 8;

mosquée actuelle de la Pêcherie, une petite mosquée où était enterrée une sainte dame Zerzoûra. Dans les actes cette mosquée est appelée *mesdjed er-Râbt'a*, ce que Devoulx traduit, correctement d'ailleurs par « mosquée de la sainte », mais en dernier lieu elle s'appelait *mesdjed el-merâbt'a*, mosquée de la maraboute. Il se pourrait bien qu'il faille traduire *râbt'a* par *couvent* ou au moins ermitage et que ce ne soit qu'à notre époque que ne comprenant plus le mot *râbt'a*, qui est inusité dans le langage parlé, on l'ait transformé en *mrâbt'a*, mot aujourd'hui courant pour désigner une sainte, tandis que *râbt'a* n'est pas employé chez nous dans cette dernière acception.

L'origine des Almoravides, mot qui signifie « les marabouts », est connue par les récits du *Qart'âs*, d'Ibn Khaldoûn, d'El-Bekrî, etc... : le ribât' d'Ibn Yasîn où naquit la secte almoravide était probablement comme tant d'autres un couvent plus ou moins fortifié. C'était sans doute le point de départ de fructueuses razzias faites au nom du *djihâd*, de la guerre sainte, par lesquelles ils préludaient à la conquête du Maghrib Extrême. Ils illustrèrent définitivement le mot de *merâbt'în*, c'est-à-dire de missionnaires religieux combattants. Mais ce mot ne commença à devenir populaire que lors de cette sorte de poussée religieuse du XVIe siècle à laquelle nous avons fait allusion plus haut. A cette époque surgirent au sud du Maroc les chérifs qui devaient conquérir ce pays et l'exode des *merâbt'în*, des marabouts, commença. Venus des ribât' du Sous, du Drâ, de la Sâguiat el-H'amrâ surtout, d'où la légende les fait tous sortir, ils se répandirent sur toute la Berbérie. Les premiers de ces chérifs avaient bien été des *mrâbt'în* combattants puisque c'est dans le *djihâd*, dans la guerre sainte contre les Portugais, qu'ils acquirent leur renommée, puisqu'ils durent leur éclatante fortune à la gloire d'avoir chassé

et p. 5, l. 10, d'en b., du texte édité à Tunis, en 1279 H. (1862-1863 J.-C.). Cf. Ibn. Bat'oût'a, éd. Defrémery et Sanguinetti, t. II, p. 215 et *Recueil de compositions de l'École des Lettres d'Alger*, 1 vol., Alger, 1888, p. 13.

l'Infidèle du sol de l'Islâm. Mais, cette période héroïque passée, les missionnaires du Sud Marocain qui allèrent islamiser à nouveau les populations du Maghrib, n'étaient plus des combattants ; c'étaient simplement les apôtres du grand réveil religieux moderne dans l'Afrique mineure. Le fort, le ribât', était devenu un établissement purement religieux, une *zâouia*. Déjà dans Ibn Khaldoûn nous trouvons un réformateur arabe, chez les Riâh', qui se donne une mission religieuse, construit une *zâouia* (c'est ce mot qui est employé au lieu de *ribât'*), s'appelle *mrâbet'* ainsi que ses partisans, et cela en 1305, c'est-à-dire bien avant les chérifs marocains[1]. Plus tard, un chef des Arabes H'akîm porte le titre de *chîkh et mrâbet'*, شيخ حكيم المرابط, où il faut voir un sens à la fois politique et religieux[2]. On a retrouvé à Tlemcen l'épitaphe d'une sainte femme, décédée en 1472, et qualifiée de *mrâbt'a*, épithète qui ne peut avoir évidemment ici qu'une signification exclusivement religieuse[3]. On pourrait sans doute multiplier les exemples. Ainsi, au XVIe siècle, le *mrâbet'*, de simple garnisaire est devenu apôtre, et sa mission va être de plus en plus pacifique. Le marabout va devenir petit à petit, dans toute l'acception du mot, un saint, à telle enseigne que le peuple ne connaîtra plus, pour ainsi dire, d'autre dénomination pour désigner un pieux personnage[4].

Mais, le mot « marabout » a pris chez le peuple une acception bien plus large encore ; il désigne maintenant toute espèce de saints, puis les simples d'esprit, les idiots, les

1) Iln Khaldoun, *Berbères*, trad. de Slane, t. I, p. 83. Voy., in *Nozhet el-H'âdî*, trad. Houdas, p. 413, 420, les deux mots *zâouia* et *ribât'* employés dans une même phrase avec un sens analogue.

2) Ez-Zerkachi, *Chronique*, trad. Fagnan, pp. 199, 200, 201 et p. 107, l. 2 d'en b. ; 108, l. 12 ; 109, l. 2, du texte arabe de Tunis.

3) قبر الحاجة المرابطة يسمين tombe de la pèlerine, de la maraboute Yasmîn. Brosselard, *Mémoires épigraphiques et historiques sur les tombeaux des émirs Beni Ziyâne et de Boabdil, dernier roi de Grenade, découverts à Tlemcen*. 1 vol. Paris, 1876, p. 91-92.

4) Cpr. Houdas, *Ethnographie de l'Algérie*, p. 58, 82.

fous, les épileptiques, que, suivant une croyance universelle, on suppose illuminés d'en haut; et les tas de pierres, vestiges d'anciens cultes, qu'on vénère; et les arbres[1], survivance d'une antique dendrolâtrie, où l'on va en pèlerinage; tout cela s'appelle maintenant du nom de marabout[2]. Les lions de la zâouia de Sîdî Mh'ammed ben 'Aouda (Zemmora) sont marabouts[3], les cigognes que l'on révère sont maraboutes[4], la bergeronnette aussi, et l'hirondelle sont des maraboutes, puisque, de temps immémorial, sans savoir pourquoi, on craint de les toucher[5].

Le mot *mrâbet'* dans le sens de « saint » paraît du reste spécial au Maghrib; et ici, nous devons entendre Maghrib au sens large du mot, car, en matière religieuse, il faut considérer, avec M. Hartmann, le Maghrib comme s'étendant jusqu'à l'Égypte; car, en fait, on trouve des tombes de marabouts (ainsi dénommés dans le pays) jusqu'auprès d'Alexandrie[6]. Mais si ce mot est employé par les foules du Nil à l'Atlantique, les savants l'ont mal accueilli; sans doute, ils l'emploient couramment dans le langage parlé, mais ils ne l'emploient guère dans leurs écrits. Dans les dictionnaires biographiques marocains, si abondants en vies de saints, les auteurs se servent peu du mot مرابط (*mourâbit'*),

1) Tous ceux qui ont été à Tlemcen connaissent l'arbre au pied duquel les musulmans jettent une pierre en passant et qui se trouve sur le chemin de Sîdî Boumedièn : nous avons personnellement interrogé à ce sujet un grand nombre de croyants et de croyantes, et nous n'avons jamais pu obtenir qu'une réponse, à savoir que c'est un arbre « marabout ».

2) Depont et Coppolani, *Confréries musulmanes*, p. 130, p. 144, ont bien mis cela en lumière.

3) Ils font même des miracles. Cf. Trumelet, *Algérie légendaire*, p. 442.

4) Dozy, *Supplément aux dictionnaires arabes*, s. v. مرابط, avec référence.

5) Seddik (*alias* A. Robert), *Superstitions et croyances arabes*, in *Rev. alg.*, 13e ann., 2e sem., n° 3, 22 juill. 1899, p. 86, avec un proverbe intéressant montrant ces deux oiseaux considérés comme invulnérables.

6) Hartmann, *Aus dem Religionsleben der Libyschen Wüste*, in *Arch. f. Rel.-Wiss.*, I, p. 272-273. Article contenant des renseignements fort intéressants (partie observation, partie information orale) sur les saints du désert Libyque, y compris le Mahdî des Senoussiyya.

et quand il se trouve employé, c'est d'ordinaire avec une acception qui rappelle son ancien sens [1]. Les lettrés sentent tout ce que ce mot recouvre de croyances réprouvées par l'Islâm : si vous voulez mettre un savant chîkh de Tlemcen dans le plus cruel embarras, c'est de l'interroger sur l'arbre marabout, auquel nous venons de faire allusion ; trop intelligent pour ne pas voir ce qu'il y a de grossier dans ce culte, il n'ose néanmoins le blâmer ouvertement, sachant bien ce que sa religion doit tolérer de superstitions primitives pour s'attacher les masses.

Lorsque ces musulmans veulent désigner un saint, ils emploient de préférence le mot *ouali*, ce qui signifie littéralement : « celui qui est près (de Dieu) ». M. Goldziher, étudiant les diverses significations de ce mot dans l'antique Islâm a montré que, dans le Qoran même, il est pris en des sens divers, depuis celui de parent dont la mort réclame une vengeance (sour. XVII, v. 50), ou celui d'allié de Dieu, titre que les Juifs se donnaient (sour. LXII, v. 6), jusqu'à son sens défi-

1) Moh'ammed ben Et'-T'aïeb El-Q'âdirî, dont le *Nachr el-Matsânî* est si riche en biographies de saints, n'en désigne qu'un seul sous le nom de *merâbet'* (éd. de Fez, 1310 H., I. p. 179) : mais ce personnage, El-Mrâbet' er-Raïs Aboû 'Abdallâh Moh'ammed el-'Ayyâchî, est avant tout un personnage guerrier et religieux à la fois (تصدى الجهاد في ثغور المغرب, c'est-à-dire « il fit la guerre sainte sur les frontières du Maghrib »). Nous avons donc là un exemple au XIIe siècle de l'H. (XVIIIe J.-C.) du mot مرابط pris dans son sens primitif. Pour des détails sur la curieuse personnalité d'El-'Ayyâchî, voy. *Nozhet el-H'âdi*, éd. Houdas, p. 431, 434, 436, 440 ; p. 452, dans une poésie en son honneur, il est comparé à un *ribât'*. D'autre part on trouve dans le même ouvrage quelques exemples du mot *merâbet'* dans dans le sens de saint, p. 296-١٨٣, p. 371-٢٢٥ (il est bon de se rappeler, à ce propos, qu'El-Oufrânî est de la fin du XVIIe siècle). — M. Goldziher nous écrit qu'il n'a pas trouvé, dans la littérature de l'Islâm oriental, d'exemples du mot مرابط pris au sens de « saint » ; il nous rappelle en même temps qu'au sens guerrier du mot, cette qualification est très employée dans les titres élogieux des sultans (Van Berchem, *Matériaux pour un Corpus inscr. arab.*, Caire, 1896, *passim*). — Ajoutons que dans l'Afrique du Nord *El-Merâbet'* est très usité comme nom patronymique : une famille très connue de Tlemcen porte ce nom. Cf. *Nozhet el-H'âdi*, p. 86, 357, 475 ; les exemples abondent d'ailleurs dans la littérature.

nitivement orthodoxe d' « ami de Dieu » (sour. x, v. 63) ; et il renvoie à la définition que donne du *ouali* le commentateur El-Baïdhâwî, à propos de ce dernier verset : « Le oualî est celui qui se soumet à Dieu et à qui Dieu accorde sa faveur[1]. » Dans ce sens, le mot *oualî* désigne le saint par excellence ; il est couramment employé avec une telle acception dans le langage usuel du Maghrib. M. Goldziher a fort bien fait remarquer[2] que le vulgaire, en Orient, nomme *ouali* celui que Dieu appelle à lui, sans qu'il soit besoin que cet élu ait été appelé à l'extase par des études religieuses, par la piété de sa conduite ou même par la pratique des exercices mystiques. Il en est de même en Occident : sans doute ces diverses voies peuvent mener à la dignité d'oualî, mais, pour la foule, l'oualî est celui qui est habituellement ravi, *medjdzoûb* مجذوب, par Dieu. Ce mot *medjdzoûb* sert du reste à désigner les illuminés, les fous, les simples d'esprit ou *bahloûl*[3]. Le dernier de ces termes est souvent pris avec un sens sacré : on naît *bahloûl*, on devient *medjdzoûb* par la grâce de Dieu. La *ouilâia* (état d'oualî) comporte le don des miracles, la faculté de disposer à son gré des forces de la nature, c'est-à-dire le *taçarrouf*[4] تصرف. Contrairement à ce qu'avance M. Rinn[5], c'est pendant sa vie que le oualî s'entend donner ce titre par le peuple : on le considère même comme plus puissant durant sa vie qu'après sa mort[6]. En

1) Voici le texte : اولياء الله الذين يتولونه ويتولاهم بالكرامة (sub X, 63). Goldziher, *Muh. St.*, II, p. 286.

2) Goldziher, *op. laud.*, p. 287-288.

3) On dit encore بو هالي, *boû hâli*, sot, niais. Il est à remarquer que les mots se rapportant aux racines بهل, بهلل, بله et هبل ont tous des sens analogues ; il y a là une série de ces permutations si fréquentes en arabe.

4) Nous laissons naturellement de côté la signification précise qu'a le mot *ouali* dans la technologie des çoûfis ainsi que le degré qu'il désigne dans la hiérarchie en usage chez les mystiques.

5) Rinn, *Marabouts et Khouans*, p. 57. Cf. *contrâ* Mouliéras, *Maroc inconnu*, II, 131-132 n.

6) Goldziher, *op. laud.*, p. 288. Cf. de La Mart. et Lac., *Documents*, II, 771, où l'on voit Boû-'Amâma exploitant cette doctrine à son profit.

fait les *bahloûl*, les *medjdzoûb*, les *ouali* vivants pullulent autour de nous dans toute l'Afrique du Nord.

Le mot مولى *mawlá*, qu'on prononce ici *moûlâ*, provient de la même racine que le mot *ouali*, mais il a eu une histoire bien différente[1] et il garde encore un tout autre sens. Dans son acception actuelle il signifie dans l'Afrique du Nord « maître, possesseur, » mais au Maroc c'est aussi un titre honorifique que l'on donne aux chérifs. Bien que des princes appartenant à d'autres dynasties du Maghrib l'aient porté[2], il semble avoir été en quelque sorte monopolisé par les chérifs qui fondèrent au XVIe siècle l'empire du Maroc tel qu'il existe encore aujourd'hui ; seuls, depuis trois siècles, dans l'Afrique mineure, ils ont pris ce titre et, si d'autres souverains de ce pays se le sont donné avant eux, il n'a été définitivement illustré que par eux. C'est à cause de cela sans doute qu'on les qualifiait de *majesté moulouiyenne* (*mawlaouïyyenne*), de *princes moulouiyyens*[3]. Ils avaient fait de ce

1) Voy. sur les acceptions anciennes de *mawlá*, Goldziher, *Muh. St.*, I, Halle, 1889, p. 104 seq., avec d'abondantes et précieuses références. — Cpr. le mot مولَه, *moulah*, santon (Dozy, *Supplément*, sub وله).

2) Les Beni Ziyâne, entre beaucoup d'autres ont porté le titre de *mawlá*. Cf. Bargès, *Histoire des Beni-Ziyâne*, Paris, 1852, et *Complément de l'Histoire des Beni-Ziyâne*, Paris, 1887, et le manuscrit du *Naz'm ed-dorr*, Bibliothèque de la Médersa de Tlemcen, n° 14, *passim*. Voy. en particulier, dans le *Complément*, p. 547, l'expression Mawlâia Aboû Hammou dans une poésie composée sous le règne de ce prince qui régna de 1359 à 1389, c'est-à-dire plus d'un siècle avant les chérifs. D'autres exemples se trouvent dans le *Baghiat er-Rouwwâd* de Yah'yâ ben Khaldoûn, p. ex. vers 7 de la poésie qui se trouve au fol. 58 recto du mss. de la Bibl. d'Alger, n° 862 : or Yah'yâ ben Khaldoûn est mort en 1379. — Dans les épitaphes découvertes à Tlemcen par Brosselard, les souverains 'abdelouâdites sont généralement appelés *mawlânâ* et les princes de leur famille *mawlâiâ* (Brosselard écrit *moulaye*). Voy. Brosselard, *op. laud.*, p. 58, 96, 99, etc... et 97, 117, 135, 136, etc... — Dans le *Rawdhât en-Nasrîn fî dawla Benî Merîn*, beaucoup de sultans mérinides sont appelés *el-mawlá* (mss. de la Bibl. d'Alger, n° 1737, n° 2). — En Orient ce titre est très répandu, mais il ne semble pas avoir l'acception spéciale de « saint » qu'il a reçue dans le Maghrib par la suite.

3) P. ex. dans El-Oufrânî, *Nozhet el-H'âdî*, éd. Houdas, texte arabe, 1888, p. 88, l. 3, d'en b. : الحضرة المولوية, et p. 212, l. 14 : الهمام العالي المقام المولوي الامام العلوي ; et trad. franç., p. 156, 347. A la note 1 de cette dernière page,

titre une sorte de signe distinctif de leur dynastie. Mais le mot a eu une fortune singulière ; comme tous les marabouts se prétendent généralement chérifs, l'usage a prévalu au Maroc de les appeler *mawlâya,* qui dans le langage vulgaire est devenu *moûlaye* et on applique maintenant ce titre indifféremment à tous les saints : Moûlaye Idrîs, Moûlaye 'Abdesselâm ben Mechîch, Moûlaye Et'-T'ayyeb, etc... Cet usage s'est établi dans le Maroc et, çà et là, dans la province d'Oran ; dans le Sahara, il s'étend au Touât tout entier[1] ; il n'existe pas ou n'existe qu'à titre d'exception dans le restant de l'Afrique du Nord. La forme *moûlânâ*, notre maître, est moins populaire et, quoique plus respectueuse peut-être que *moûlaye*, n'est pas comme celle-ci spécialement affectée aux saints : on l'emploie en parlant à Dieu ou au sultan, ou même à un personnage très considérable[2]. *Moûlaye* ne trouve pas non plus son équivalent au féminin : ce titre n'est décerné à

M. Houdas dit : « La Molouya qui est la rivière la plus importante du bassin méditerranéen du Maroc traverse des contrées où l'autorité du sultan est souvent méconnue. C'est sans doute pour affirmer leur autorité sur ce territoire que les souverains marocains prennent souvent le nom de princes molouyens ou de la Molouya ». Cf. p. 156, n. 1. Cette hypothèse nous paraît moins vraisemblable que celle qui fait du mot مولوي *mawlawî* un relatif rappelant le titre de *mawlâ*, spécialement porté par les chérifs marocains. Le deuxième des textes arabes précités nous semble probant à cet égard : c'est un extrait d'une lettre au sultan, et l'auteur de la lettre donne au prince ses deux titres caractéristiques de mawlâ et de descendant de 'Alî. D'ailleurs la grammaire n'est pas favorable à un rapprochement entre *mawlawî*, مولوي et *Melouiyya*, ملوية, qui signifie « tortueuse », nom convenant fort bien à la rivière en question et qu'El-Oufrânî lui-même, dans l'édition Houdas, orthographie ainsi (p. ex. p. 252, l. 3 d'en b., du texte arabe). Cf. Mouliéras, *Maroc inconnu*, I, p. 161, n. 1. D'ailleurs, il paraît probable que cette forme *Melouiyya* recouvre, en l'expliquant aux yeux des indigènes, l'ancien nom de cette rivière, soit *Mulucha*, soit *Malva*, au sujet duquel on a tant discuté.

1) P. ex. Moûlaye Guendoûz entre Fort Mac-Mahon et le Tin Erkouk (orthographe officielle). Voy. de La Mart. et Lac., *Doc.*, IV, 174-175, avec une grav. intéressante.

2) Rohlfs, *Meine erste Aufenthalt in Marokko*, p. 166 n.; dit que *moûlânâ* ne s'adresse qu'à Dieu et au Prophète et que *seyyidna* est réservé au sultan : c'est une double erreur. Cf. Goldziher, *Muh. St.*, I, p. 264.

aucune sainte[1]. Ajoutons que *Moûlaye* est quelquefois un nom propre, comme du reste *Cherîf*, *Merâbet'*, *Lâlla* et la plupart de ces titres honorifiques[2].

Le mot سيد, *seyyîd*, « seigneur » est celui dont l'emploi est le plus général pour désigner un saint : *sîdî* (pour *seyyîdî*) *'Abdelqâder el-Djîlânî*. L'expression *sîdî* s'adresse du reste à toute personne que l'on respecte. *Sîdnâ*, notre seigneur, est plus respectueux encore, mais c'est une erreur de croire que, dans le langage, il ne s'adresse qu'à Dieu ; on l'applique très bien à un personnage considérable et on l'emploie même dans le langage courant en s'adressant à tout personnage honorable. On donne souvent, en Algérie, du *sîdî* à tous ceux qui s'appellent *Moh'ammed*, par vénération pour le nom du Prophète et quelle que soit leur condition, même si ce sont des enfants[3]. Pour la même raison, on dit plutôt au Maroc, *Sîdî Moh'ammed*, lorsqu'il s'agit d'un sultan, qui porte ce nom révéré, que *Moûlaye Moh'ammed*[4], mais on trouve

1) On n'a dans les historiens du Maghrib que de très rares exemples de l'expression honorifique *El-Mawlât* pour une femme : Ibn Khaldoûn mentionne un certain « Zîguen ibn el-Moulat Tamîmount » (*Histoire des Berbères*, trad. de Slane, IV, 137).

2) Tous ces noms figurent au *Vocabulaire officiel*. — Un nom fort curieux est *Mawlâhoum*, مولاهم « leur maître » : on le trouve dans Ez-Zerkachî, *Chronique*, trad. Fagnan, p. 81, 95, 98, 124 et p. 45, 52, 54 et 68 du texte de Tunis. Il figure au *Vocabulaire*, où l'on trouve encore *Lâllahoum*, c'est-à-dire « leur maîtresse ». Il y a encore à Alger une rue Lallahoum qui a vraisemblablement pris son nom d'une mosquée jadis dédiée à quelque pieuse femme de ce nom. Cf. A. Devoulx, *Édifices religieux de l'anc. Alger*, in *Rev. afr.*, VIIIe ann., n° 45, mai 1864, p. 199. Il faudrait rapprocher de ces noms le nom de Yaghmorâsen, le premier souverain de la dynastie de Tlemcen, s'il était exact qu'il dût se traduire, comme on l'a prétendu, par فحلهم, « leur étalon », c'est-à-dire « le plus noble d'entre eux, leur chef ». Voy. *infrà*, p. 57, n. 3.

3) Dans ce dernier cas, nous fait remarquer M. Mouliéras, il faut tenir compte que ce *sîdî* est un mot de bon augure, une sorte de souhait fait à l'enfant de devenir un grand personnage. En ce sens, on dit souvent *sîdî* à un enfant, quel que soit d'ailleurs son prénom.

4) Cf. Élie de la Primaudaie, *Les villes maritimes du Maroc*, in *Rev. afr.*, XVIe ann., n° 93, mai-juin 1873, p. 209, n. 3.

souvent l'expression المولى محمد *el-moûlâ Moh'ammed*, ce qualificatif étant en Occident le monopole des chérifs[1]. L'expression *sî*[2], abréviation de *sîdî*, est réservée aux lettrés, que l'on appelle aussi généralement au Maroc *feqîh*, jurisconsulte : le rêve de mes élèves de la Médersa de Tlemcen était d'être salué d'un *Iâ l-Feqîh* (ô juriste), en passant dans la rue.

Chez les abâdhites, le titre de عمّي, *'ammî*, c'est-à-dire « mon oncle », est le plus souvent donné aux saints[3]. Il était sans doute jadis plus général chez les Berbères puisqu'on retrouve des traces de cet usage en plein pays sonnite, par exemple 'Ammî-Moûsâ, aujourd'hui chef-lieu d'une commune mixte du département d'Oran[4]. Le pieux El-'Ayyâchî, lorsqu'il passa à Ouargla où les abâdhites formaient un parti important, fut scandalisé de voir cette appellation donnée aux chîkh ou professeurs[5], car *'ammî* se dit des vivants aussi bien que des morts. — On a des exemples du

1) Par exemple, *Kitâb el-Istiqçâ*, IV, p. 92, l. 12 : لما فرغ امير المؤمنين المولى محمد رحمه الله من امر الخ « lorsque le commandeur des croyants, le seigneur (moûlâ) Moh'ammed eut fini de s'occuper de l'affaire, etc... » Ce n'est pas un exemple isolé ; on pourrait en trouver bien d'autres.

2) Au Maroc, elle devient simplement : *s*. Ex. : نوض ا س, *noudh a s*, levez-vous, Monsieur (Mouliéras, *Maroc inconnu*, I, p. 71). En Algérie on dit très bien, dans beaucoup de tribus : *A sî Moh'*, pour *Iâ Si Moh'ammed*. L'abréviation au vocatif est un fait bien connu dans toutes les langues.

3) Voy. de Calassanti-Motylinski, *Djebel Nefoûsa*, passim (consult. l'index). Cf. René Basset, *Sanctuaires du Djebel Nefoûsa*, in *Journ. asiat.*, mai-juin 1899, p. 434 ; et *id.*, juillet-août 1899, pp. 102, 103, 113.

4) Il faut considérer cependant que ce pays a jadis été dans la sphère d'influence des Rostemides de Tiaret qui étaient des abâdhites. Il est remarquable que les indigènes de la province d'Oran ne prononcent pas volontiers le nom de 'Ammî-Moûsâ. Beaucoup affectent de dire plaisamment *'Ammek Moûsâ* (ton oncle Moûsâ, au lieu mon oncle Moûsâ). — En Kabylie, *'ammî* est un terme de politesse affectueuse. Cf. Mouliéras, *Légendes merveilleuses de la Gr. Kab.*, I, 236.

5) *Voyage d'El-Ayâchi*, trad. Berbrugger, p. 52. — L'appellation de *chîkh* est donnée aussi aux saints. Elle est dans ce sens usuelle en Égypte. Cf. Goldziher, *Aus dem mohammedanischen Heiligenkultus in Aegypten*, in *Globus*, 1897, Bd. LXXI, n° 15, p. 1a, n. 3, du t. à p. Elle est aussi très employée dans la hiérarchie des confréries religieuses.

mot *aboûnâ*, « notre père », donné à des personnages vénérés pour leur piété[1]. Du reste *boûïa*, « mon père », en arabe vulgaire, est une appellation respectueuse : à Tlemcen on dit *boua* ou *ba*[2], mon père, ce qui rappelle la forme *bah*, signalée par M. de Landberg comme s'ajoutant toujours, dans l'Arabie méridionale, au nom d'une personne d'un certain âge[3]. Le mot *bâbâ* a souvent été employé dans un sens analogue : Bâbâ 'Aroûdj, le fameux corsaire; Ah'med Bâbâ, le célèbre savant de Tombouctou et maint autre exemple[4]. Chez les abâdhites le mot *omm*, « mère », s'ajoute le plus souvent au nom d'une femme considérée[5].

Dans l'Afrique du Nord l'appellation la plus honorifique pour une femme est لالّا ou لالّة *lâlla*, « madame »[6], qui est appliquée à toutes les saintes. C'est sans nul doute un mot berbère[7], car il est tout à fait inusité en Orient, sauf dans les pays comme l'Égypte, où le berbère a pu avoir une influence; on dit, en effet en Égypte *iâ lelli* et même *iâ lelelli*, pour dire : « ô ma maîtresse[8]. » On a voulu voir dans ce vocatif l'expression métaphorique *iâ leïlî*, يا ليلي, c'est-à-dire en arabe : « ô ma nuit! » M. Goldziher nous écrit qu'il ne

1) Ez-Zerkachî, *Chronique*, trad. Fagnan, p. 51, 74; et p. 41, l. 9 d'en b.; 28, l. 4, d'en b., du texte arabe édité à Tunis.

2) Prononcé avec une sorte d'*a* danois, entre *a* et *o*. De même *moua* ou *ma*, ma mère. A Alger, les Maures trouvent *boûia* grossier et disent *bâbâia*, mon papa; de même *imma*, maman.

3) Comte de Landberg, *Arabica*, V, p. 141, n. 1.

4) Cf., p. ex., *Nozhet el-H'âdî*, trad. Houdas, p. 283, 294.

5) Voy. de nombreux exemples dans R. Basset et de Calassanti-Motylinski, *op. laud.*

6) Voy. de nombreuses références *in* Dozy, *Supplément*, s. v.

7) On le trouve dans les textes kabyles de Mouliéras, *Légendes merveilleuses de la Grande-Kabylie*, 1re part., p. 148, n. 171, et dans les textes d'Ouargla recueillis par R. Basset, *Étude sur la Zenatia du Mzab, de Ouargla et de l'Oued-Rir'*, p. 151, mais avec le sens de « mère » seulement, comme *omm* en arabe vulgaire.

8) Goldziher, *Jugend- und Strassenpoesie in Kairo*, in *Z. D. M. G.*, XXXIII Bd., 1879, p. 618 seq. Ces expressions, dit l'auteur, sont très fréquentes dans les chansons populaires avec le sens de « mein Liebchen ».

pense pas que cette explication soit bonne : il nous faut donc rapporter cette expression au berbère *lâlla*[1]. Ce dernier mot est du reste employé exactement dans toute l'aire des pays berbères ou sur lesquels le berbère a eu quelque action[2]. Dans la Grande-Kabylie, les femmes des marabouts ont le titre de *lâlla*; mais si, comme cela est très fréquent, un marabout épouse une Kabyle, on refuse obstinément à celle-ci ce qualificatif, réservé aux femmes de la caste[3]. Il est curieux de voir ces marabouts qui prétendent à une origine arabe vouloir monopoliser pour leurs femmes un nom berbère comme *lâlla*. Un certain nombre de femmes pieuses cependant, arrivées à un certain degré de sainteté, reçoivent de la voix populaire ce titre envié. Mais le titre que les Kabyles donnent le plus souvent à leurs maraboutes est celui de *imma*, auquel du reste on joint souvent celui de *lâlla*, par exemple, Lâlla Imma Tifellout, près de Blida. Le véritable nom à donner aux saintes est celui de *seyyîda*, en langage courant *sîda*[4] : c'est le seul qui soit employé par les lettrés et on n'en trouve pas d'autre dans les dictionnaires biographiques du Maghrib; c'est aussi celui qui est communément employé en Orient. Au Maghrib comme en Orient on emploie aussi *settî*, ستّ ou ستّي, qui signifie « madame » : la sainte la plus renommée de Tlemcen est Lâlla Setti, deux mots, l'un, berbère,

1) On se sert souvent aussi dans les idiomes algériens du mot *lâlla* pour désigner une maîtresse. P. ex. dans une chanson très connue d'Alger : يا لالّة بهواك بت نخمم * سلمت في الحانوت والمتعلم, « O ma maîtresse, ta pensée m'a occupé toute la nuit; j'ai abandonné mon magasin et mon apprenti. »

2) M. Goldziher nous signale un passage de Nachtigall, *Sahara und Sudan*, II, p. 610, où il est dit que les dames, à la cour du roi des Bagirmis, reçoivent le titre de *lêla* (en état construit *lêl*). L'influence de la langue berbère a pu s'étendre jusque-là, car il semble bien qu'il s'agisse du même mot.

3) Hanoteau et Letourneux, *Kabylie*, II, p. 84.

4) Il y avait jadis à Alger une mosquée dite *Djâma' es-Sîda*, qui fut démolie dès les premiers temps de notre occupation. Voy. Devoulx, *Édifices religieux de l'ancien Alger*, in *Rev. afr.*, XIe ann., n° 66, nov. 1867, p, 449 seq.

l'autre probablement arabe, qui ont la même signification[1] ; il y avait jadis à Alger une mosquée de Setti Meryem[2].

Le mot *lâlla* trouve un homologue dans le mot *dâdda*. En chaouia, ce mot a le sens de « père » ; en chelh'a, celui d'« oncle ». Dans le Djurdjura *dâdda* signifie « aîné » et par conséquent « respectable »[3], c'est une sorte de titre ayant un caractère de respectueuse familiarité. Il paraît y avoir peu d'exemples de marabouts qui aient gardé l'appellation de dâdda : on peut au moins citer Dâdda Yoûb, c'est-à-dire « père Job » ou plutôt : « seigneur Job » qui guérit jadis un personnage d'Oran atteint de la lèpre, au moyen d'eaux thermales situées à 3 kilomètres de cette ville[4]. Depuis ce miracle ces eaux eurent une grande vogue, non seulement près des indigènes, mais aussi près des Espagnols lors de leur domination : le cardinal Ximénès et la

1) Toutefois nous devons faire remarquer que le mot « Setti » est un nom propre fort répandu : beaucoup de femmes s'appellent « Setti » et il est probable qu'il faut ici le considérer comme un nom propre féminin. *Setti* nous paraît être simplement une contraction de l'arabe *seyyidatî*.

2) Mosquée *Setti Meryem* appelée aussi « mosquée de Ben Negro » près de l'ancienne porte du Ruisseau. Cf. Devoulx, *Édifices religieux de l'ancien Alger*, in *Rev. afr.*, VIIIe ann., n° 43, janv. 1864, p. 29-30.

3) René Basset, *Notes de lexicographie berbère*, 1885, Paris, p. 78, et Mouliéras, *Lég. merveilleuses de la G. Kab.*, fasc. V, p. 466, n. 7. Le féminin de *dâdda* est *nenna*, *ibid.*, IVe fasc., p. 338, n. *a*, et cette forme est employée à Tlemcen dans le sens de *lâlla*. L'ouvrage précité de M. Mouliéras fait partie des publications de l'École supérieure des Lettres d'Alger : c'est le plus important recueil de textes kabyles qui existe. — A Oran le mot *dâdda* est employé pour désigner une nourrice, principalement si elle est négresse. — Ajoutons que le mot *dâdda* figure comme prénom féminin dans le *Vocabulaire destiné à fixer la transcription des noms arabes en français*, Alger, 1891, qui a servi de base au mémoire posthume de Socin, *Die arabischen Eigennamen in Algier*, in *Z. D. M. G*, 1899, LIII Bd, 471-500; nous avons un exemple d'un individu dont le nom patronymique est Khali Dada (d'après l'orthographe officielle).

4) La tradition rapporte que ce fait se passait au temps des Beni-Ziyân ou 'Abdelouâdites de Tlemcen. Or Ibn Khaldoûn nous apprend que Yaghmorâsen, fondateur de cette dynastie, et son fils 'Otsmân portaient le titre de Dâdda et il ajoute : « Dans leur langage, le mot *Dâdda* est considéré comme l'appellation respectueuse par excellence » (*Hist. des Berbères*, trad. de Slane, III, p. 369).

princesse Jeanne, fille d'Isabelle, en firent usage, d'où leur nom actuel de Bains de la Reine[1]. Quant à Dâdda Yoûb, on l'appelle le plus souvent Sîdî Dâdda Yoûb[2], par un redoublement analogue à celui de Lâlla Imma[3].

Si les saints ont, comme on le voit, au Maghrib, différents titres honorifiques spéciaux, en revanche ils n'ont pas de signes distinctifs extérieurs. Ils portent bien tel ou tel chapelet, mais c'est surtout en tant que membres d'une confrérie religieuse. Il y a d'ailleurs des marabouts de toute catégorie : depuis le solitaire pouilleux et le *derouîch*[4] sordide jusqu'au marabout princier comme le chérif d'Ouazzân, il y a une infinité de degrés : le vêtement est indifférent. Des marabouts puissants, comme Sîdî ben Dâwoûd, de

1) Fey, *Histoire d'Oran*, Oran, 1858, p. 207. Livre consciencieux et remarquable pour l'époque. L'auteur ne connaissait Dâdda Yoûb que par la tradition indigène, qui s'est conservée de nos jours. Nous même ne connaissons pas de source écrite à ce sujet.

2) Les Européens, Fey (*loc. cit.*), Baills, in *Oran et l'Algérie*, 2 vol., Oran, 1888, II, p. 243, et d'autres encore l'appellent Sidi Dédéiop! Piesse, *Algérie et Tunisie*, 1893, p. 125, l'appelle Sidi Dédéioub; M. Mouliéras lui a restitué son véritable nom de Dâdda Yoûb (*Hagiologie magribine*, in *Bull. Soc. géog. et arch.*, année 1899, fasc. LXXX, p. 374-376.) L'ouvrage précité de Piesse, qui fait partie de la collection des Guides Joanne, est un compendium précieux. Malheureusement la maison Hachette, dans les éditions successives qu'elle en donne, supprime tout ce qu'il y a de renseignements intéressants au point de vue scientifique pour y ajouter des renseignements sur le prix des hôtels ou la correspondance des omnibus avec les trains, ce qui intéresse davantage les voyageurs de commerce; mais les touristes instruits ne peuvent qu'y perdre.

3) Il y a à Alger une qoubba de *Oualî Dâda* qui a été démolie. Les restes du saint ont été transportés près du mausolée de Sîdî 'Abderrah'man ets-Tsa'labî. Il ne semble pas toutefois qu'il y ait lieu de citer ici le nom de cet ouâli, qui était, paraît-il, un Turc; son nom, dans les anciens actes, est écrit داده et semble être turc. Le mot ولى, inusité ici comme appellation honorifique jointe au nom d'un saint, corrobore cette interprétation. De La Mart. et Lac., *Documents*, II, p. 578, mentionnent une tribu des *Ouled Dada*, mais, les auteurs n'ayant suivi aucun système ferme de transcription, nous ne sommes pas certain non plus ici qu'il s'agisse du même mot *dâdda*.

4) Le *derouîch* est un moine mendiant; le plus souvent il est considéré comme un *medjdzoûb* : il désigne parfois, surtout en Orient, les membres d'une secte religieuse. Le mot *faqîr* a les mêmes significations que *derouîch*.

Boû-l-Dja'd, dont nous avons parlé plus haut, ont, à l'instar du sultan, adopté comme insigne le parasol, *mz'alla*, en arabe vulgaire *dhellila*[1], tenu derrière eux par un serviteur[2]. Avant la dynastie des chérifs actuels[3] les Fat'imites avaient déjà, dans l'Afrique mineure, adopté le parasol, qui, d'après Ibn H'ammâd, les distinguait alors de tous les autres rois[4]. Suivant Trumelet, une ombrelle à fond blanc à ramages, sortant des fabriques de Saint-Flour, est arborée au sommet du dais qui marque la place où se trouve la tête du marabout Sîdî Makhloûf, lequel a son sanctuaire à l'endroit du même nom près de Laghouat : une légende moderne se rattache à cet ornement inattendu[5].

*
* *

Parmi les différents titres dont nous avons examiné la signification nous avons omis le plus envié de tous peut-être, celui de *chérif*. Est chérif quiconque descend du Prophète par sa

1) Le mot *mz'alla* (prononcé *mdholla*) désigne en Algérie le chapeau de paille à ailes démesurées que les indigènes portent pendant l'été. « Dans le Nord-Ouest africain, cinq tribus ont la réputation de fabriquer artistement ce haut-de-forme islamique : 1° les Beni Oughlis, de l'Ouad Aqbou (près de Bougie) ; 2° les Oulh'aça, du cercle de Nemours ; 3° les Beqqouya, du Rîf ; 4° les Dsoul des Djebâla ; 5° les Zenâga du Soûs » (Mouliéras, *Maroc inconnu*, II, p. 509). Le mot *dhellila* signifie seul parasol en arabe vulgaire.

2) De Foucauld, *Reconnaissance*, p. 51.

3) D'après Cherbonneau, in *Rev. afr.*, XIIe ann., p. 476, n. 13 (voy. *infra*), au Maroc le fonctionnaire qui porte le parasol de l'empereur s'appellerait *qâïd es-souânia*, قائد السوانية. On trouvera dans le *Nozhet el-H'âdi*, éd. Houdas, p. 198-200, d'intéressants détails sur l'introduction du parasol au Maroc par les chérifs sa'diens, comme insigne de la puissance royale et sur la façon dont il était porté dans les cérémonies officielles (p. 198, l. 17, au lieu de « turban », lisez « nuage », conformément au texte, p. 117, l. 3 d'en b.). On verra par ce dernier passage que l'auteur arabe emploie indifféremment les formes مظل et مظلة.

4) Voy. à ce sujet un passage intéressant *in* Cherbonneau, *Documents inédits sur Obéid Allah, fondateur de la dynastie fatimite, extraits de la Chronique d'Ibn H'ammad*, in *Rev. afr.*, XIIe ann., n° 72, nov. 1868, p. 471-472.

5) Trumelet, *Notes pour servir à l'histoire de l'insurrection dans le Sud de la province d'Alger en 1864*, *ibidem*, XXIe ann., n° 121, janv.-févr. 1877, p. 7.

fille Fât'imat ez-Zahrâ ou, pour parler le langage courant, Fât'mat ez-Zohra. Les chérifs les plus nobles du Maroc et les plus populaires sont les descendants d'Idrîs, appelés vulgairement *Drîsiyyîn*[1] : Idrîs était fils de 'Abdallâh el-Kâmil, fils de H'asan II, fils de H'asan es-Sibt', c'est-à-dire petit-fils du Prophète par sa fille Fât'ima[2]. La maison d'Ouazzân se rattache directement à la lignée d'Idrîs. Quant aux chérifs actuels, ils prétendent descendre aussi de H'asan es-Sibt' par Moh'ammed en-Nefs ez-Zakiyya, prétendu fils de 'Abdallâh el-Kâmil précité; mais on admet généralement qu'après Moh'ammed en-Nefs ez-Zakiyya, leur arbre généalogique présente une lacune. Un de leurs aïeux, El-H'asan ben Q'âsim, vint jadis de Ianboû', ville du Hidjâz, où les 'Alides étaient nombreux. Cet El-H'asan est l'ancêtre commun de Moh'ammed el-Qâim bi-amr Allâh, fondateur de la dynastie des chérifs Sa'diens et de Moûlaye Moh'ammed ben Ech-Cherîf ben 'Alî (ce dernier 'Alî est le Moûlaye 'Alî enterré au Tafilelt), fondateur de la dynastie des chérifs actuellement régnant au Maroc[3] ou Filâliens.

1) Ce sont les plus vénérés par la foule au Maroc. Cf. de La Mart. et Lac., *Documents*, I, p. 361-367; Mouliéras, *Maroc inconnu*, II, 462; *contrà* voy. Erckmann, *Le Maroc moderne*, Paris, 1885, p. 83. Mais ce dernier ouvrage, quoique clair et précis, manque d'autorité. — En Orient, les chérifs sont désignés par le titre de *seyyîd*; ce terme se trouve aussi dans ce sens chez les auteurs occidentaux. Cf. *Nozhet el-H'âdî*, trad. Houdas, p. 11, p. 485... — Burton, cité par Dozy, *Supplément*, s. v. سيد, dit que *seyyîd* et *cherîf* ne sont pas synonymes et que le premier désigne les descendants de H'oséin et le second ceux de H'asan.

2) La noblesse h'oséïnienne est plus considérée que la noblesse h'asanienne : aussi est-il important de distinguer; malheureusement la plupart des auteurs qui ont écrit sur le Maroc semblent avoir confondu H'asan et H'oséïne. C'est ainsi que Beaumier, dans sa traduction du *Qart'âs*, fait descendre Idrîs de H'asan (p. 7, p. 11....,). M. Rinn, *Marabouts et Khouan*, p. 374, tombe dans la même erreur et la note 1 de la même page n'est pas fort claire. MM. Depont et Coppolani, lorsqu'il s'agit d'un des deux fils de 'Alî, écrivent *Hassaïn*, par ex. p. 277 (voy. l'erratum) en sorte qu'on ne sait plus à qui l'on a affaire; p. 127, on lit : « 'Abdallah el-Kâmil ben Moh'ammed ben H'océine » : il faut lire ici « H'asan ». Cependant le texte du *Qart'as* (éd. de Fez, cahier 1, p. 7) écrit bien H'asan, en ce qui concerne la filiation d'Idrîs. Du reste M. de Slane (trad. d'El-Bekrî, p. 268; trad. de Ibn Khaldoûn, II, p. 559) écrit H'asan.

3) Voy. Ez-Ziânî, *Et-Tordjeman*, éd. Houdas, et El-Oufrânî, *Nozhet el-H'âdî*,

A côté de cette noblesse, il y en a encore d'autres : les descendants d'Aboû Bekr eç-Çiddîq, ceux de 'Omar ben el-Khet't'âb, par exemple, sont presque aussi considérés que les autres. L'ancêtre des Oulâd Sîdî Chîkh descend du khalife Aboû Bekr [1] et Sî Ben Dâwoûd, l'ancêtre des marabouts de Bou-l-Dja'd au Tâdla, descend, dit-on, de 'Omar [2].

Naturellement les innombrables marabouts que fit éclore le grand mouvement de renaissance religieuse du XVIe siècle dont nous avons déjà parlé se fabriquèrent presque tous des généalogies et jusqu'à nos jours la manie du chérifat n'a cessé de sévir dans l'Afrique du Nord, parmi les lettrés. Dès qu'un Kabyle sait épeler quelques versets du Qoran il est aussitôt convaincu qu'il descend de la noble fille du Prophète : je n'ai jamais tant ennuyé mes élèves de la Médersa de Tlemcen que quand je parlais des Berbères africains et que j'ajoutais qu'à mon avis tous mes auditeurs étaient berbères. Le plus avancé d'entre eux, un certain 'Abdel'azîz ez-Zenâgui, était surtout désolé quand je lui assurais qu'il n'était pas chérif et que son nom ethnique d'Ez-Zenâguî n'était pas du tout favorable à cette hypothèse d'ailleurs invraisemblable.

Pour en revenir aux prétendus chérifs qui ont inondé le Maghrib depuis tantôt trois siècles, disons que ces apôtres de l'Islâm ont presque toujours transmis leur nom à la tribu qu'ils venaient évangéliser. C'est là une des raisons qui donnent à l'histoire de l'Afrique Mineure après le XVIe siècle un caractère si différent de celui qu'elle a au Moyen-Age.

éd. Houdas également. Ce dernier ouvrage est capital pour l'étude des origines des chérifs. De La Mart. et Lac., *Documents*, disent que les chérifs régnant se nomment '*Alaouiyyîn* parce qu'ils descendent de Moûlaye 'Alî précité. Il est possible que cette explication ait cours au Maroc. Mais dans les livres et par conséquent près des lettrés le mot '*alaouî* est employé aussi bien pour les Sa'diens (cf. le passage cité plus haut, p. 36, n. 3). Or les Sa'diens étaient une branche collatérale à celle de Moûlaye 'Alî ; ce mot de '*alaouî* désigne donc un descendant de 'Alî ben Abî T'âlib.

1) De La Mart. et Lac., *Documents*, II, p. 758.

2) De Foucauld, *Reconnaissance*, p. 53.

Non seulement le pouvoir politique prend une forme différente au Maroc, mais tous les faits sociaux se ressentent du maraboutisme : de nouveaux groupements de populations se forment sous l'influence de la mission musulmane et la plupart des tribus changent de nom : elles se rattachent à un marabout dont elles s'attribuent la filiation et ainsi naissent les tribus de *chorfa* (pluriel de *cherif*)[1]. On les reconnaît à ce qu'elles s'appellent *Oulâd Sîdî Flân*, « les fils de Monseigneur Un Tel ». Citons au hasard et comme exemples : Oulâd Sîdî Tlîl (au N. de Gafsa), Oulâd Sîdî Brahîm Boû Bekr (Medjâna), Oulâd Sîdî Ah'med el-Kebîr (Blida), Oulâd Sîdî 'Alî Boû Cha'îb (Remchi), Oulâd Sîdî Chîkh (Sud Oranais), Oulâd Sîdî Mh'ammed[2] ben Ah'med (Dhahra marocaine), Oulâd Sîdî Hawwârî (Ouad Ziz), Oulâd Sîdî 'Âmer (Ouad Drâ), etc... Chez les Touâreg, les tribus maraboutiques ne se distinguent pas par une appellation particulière[3] : nous avons déjà vu que le maraboutisme avait à peine marqué son empreinte sur ces Berbères nomades. L'appellation d'*Oulâd Sîdî* *** est souvent

1) On peut consulter à ce sujet, mais avec les plus grandes précautions, suivant nous : Arnaud, *Les tribus chorfa* (trad. d'un opuscule indigène), in *Rev. afr.*, XVIIe ann., n° 99, mai-juin, p. 288 seq. ; et Féraud, *Les chorfa du Maroc*, in *Rev. afr.*, XXIe ann., n° 124, juillet-août 1877, p. 299 seq. et n° 125, sept.-oct. 1877, p. 380 seq.

2) « Mh'ammed », que l'administration algérienne a souvent écrit, on ne sait pourquoi, « M'hammed », est une altération de « Moh'ammed » conformément aux lois de la phonétique des dialectes maghribins. Les lettrés, choqués de cette forme inconnue à la grammaire arabe, l'écrivent *Mahammed* et, dans les actes on trouve à chaque instant محمد بالفتح. Le *Vocabulaire officiel* cité plus haut écrit également et à tort suivant nous : *Mah'ammed*. Ce n'est pas ici le lieu de critiquer ce document, mais nous devons faire remarquer que Socin, à notre avis, lui a encore accordé trop de confiance ; il n'y faut voir qu'un travail d'ordre purement administratif et dénué de toute prétention scientifique ; il est clair en effet que ses auteurs, pas plus que ceux qui ont préparé et appliqué la loi sur l'état-civil indigène, n'avaient aucune notion de ce que peut être l'onomastique arabe et berbère. — Le nom de Mh'ammed est très usité en Algérie. Dans nombre de familles, en Kabylie surtout, on appelle, par exemple, l'aîné des fils Moh'ammed et le puîné Mh'ammed, en sorte qu'une oreille peu exercée les confond facilement.

3) Deporter, *Extrême Sud*, p. 351 ; Duveyrier, *Touareg du Nord*, p. 319.

restreinte à une fraction de tribu, ou même à un seul douar ou village. Dans ce dernier cas le groupe maraboutique prend simplement le nom de *Chorfa*. Pourtant certains groupes de la valeur d'une tribu portent également ce nom, par exemple les Chorfa des environs d'Aïn-Sefra (Sud Oranais), les Chorfa de la commune mixte de Benî-Mansour, les Chorfa près de Saint-Denis-du-Sig, etc...[1].

Les tribus qui n'ont pas pu se rattacher à un chérif réputé authentique ont pris leur nom d'un marabout quelconque, dont l'origine, toujours noble suivant les habitants, est néanmoins obscure. Souvent elles ont cherché à se rattacher à des marabouts dont le nom présentait avec le leur quelque analogie ; les Mekhâlif, près de Laghouat, se rattachent à Sîdî Makhloûf, un saint du xvie siècle ; les Beni-Menâçer à un Sîdî Mançoûr, les Douâouida à un Sîdî Dâwoûd[2]. Les tribus qui n'ont pas adopté pour nom celui d'un marabout de la grande époque sont devenues l'exception. Et chaque fois que vous vous informez de cet ancêtre, on vous répond invariablement qu'il est venu de la Sâguiat el-H'amrâ[3]. Le grand mouvement maraboutique, du reste, paraît s'être prolongé presque jusqu'à nos jours et on peut bien distinguer, dans nombre de cas, les saints qui appartiennent à ce mouvement de ceux qui sont plus anciens et qui sont relativement délaissés, alors même qu'ils ont laissé leur nom à la tribu : ainsi dans les Oulâd Ouriâch, Sîdî T'ahar, marabout relativement récent (xviie siècle), a presque supplanté l'ancêtre éponyme de la tribu : sa qoubba, grande, bien blanchie, témoi-

1) Voir d'autres exemples de grandes familles maraboutiques *in* De La Mart. et Lac., *Documents*, II, 382 seq. Ces exemples sont à ajouter à ceux que nous avons donnés plus haut (p. 13). Au sujet des chérifs des Benî-Zeroual dont nous avons déjà parlé (p. 8), cf. *Nozhet el-H'âdî*, trad. Houdas, p. 486.

2) R. Basset, *Notes de Lexicographie berbère*, IIe sér., Paris, 1885, p. 5, n. 1.

3) Cependant il ne faudrait pas croire que tous les marabouts viennent de l'Ouest : un certain nombre viennent, suivant la légende, de l'Orient. Mais c'est souvent un signe qu'ils n'appartiennent pas au maraboutisme du xvie siècle et qu'ils sont probablement antérieurs à cette époque.

gne qu'il a maintenant plus de notoriété que l'antique Sîdî Ouriâch, dont le petit mausolée existe cependant encore. Sa postérité a toute l'influence, tandis que les descendants de Sîdî Ouriâch [1] ont perdu leur crédit d'autrefois.

Enfin, des tribus qu'aucun signe extérieur ne semblerait autoriser à se prétendre de descendance chérifienne veulent néanmoins avoir dans les veines du sang de leur Prophète. Lorsqu'on leur objecte qu'il est bien singulier qu'une tribu de langue et de coutumes absolument berbères soit descendue de Qoréich, elles répondent que leur ancêtre était bien de la noble tribu, mais que depuis, environnée de Berbères, sa postérité a pris les mœurs de ceux-ci. Les Aïts 'At't'a, une des plus puissantes tribus des Berâber du Maroc, soutiennent énergiquement leur descendance qoréichite [2]. Les Aïts Segherouchchen du sud sont appelés aussi Oulâd Moûlaye 'Alî ben 'Âmer, parce qu'ils prétendent descendre de Mahomet par l'intermédiaire de ce chérif [3] : ils ne sont cependant qu'une portion de la grande tribu des Aïts Segherouchchen, une des plus foncièrement berbères qu'il y ait dans le pays des Berâber, au cœur des montagnes du Maroc [4].

1) Il avait encore des descendants en 1851. Cf. Mac-Carthy, *Notice historique sur les Ouled Ourièche*, in *Rev. de l'Or., de l'Alg. et des Col.*, t. IX. Nous citons d'après Playfair, *Bibliography of Algeria*, car nous n'avons sous les yeux que l'extrait du travail de Mac-Carthy fait par Canal, *Monographie de l'arrondissement de Tlemcen* in *Bull. Soc. géog. Oran*, XIIIe ann., t. X, fasc. XLIX, janv.-mars 1890, p. 64-66. M. Canal apparaît dans ses nombreuses monographies comme un bon vulgarisateur. Il ne cite pas assez ses sources.

2) Harris, *Tafilet*, p. 142-143, 145.

3) De Foucault, *Reconnaissance*, p. 383. Sur ces Aïts Segherouchchen qu'on orthographie à tort Aït Tserrouchen et dont nous rectifions le nom d'après M. Mouliéras, voy. De La Mart. et Lac., *Documents*, II, p. 380-381.

4) Toutes ces prétentions nobiliaires ont été favorisées et en quelque sorte légitimées par un h'adîts analogue, pour son authenticité et sa portée, à celui que nous avons cité plus haut à propos de la ville de Fas (p. 22, n. 2). Voy. ce h'adîts dans le *Nozhet el-H'âdî*, éd. Houdas, p. 485 de la trad. et p. ٢٩٢ du texte : Fât'ima, la fille du Prophète, aurait dit dans les circonstances curieuses que relate l'auteur arabe : « Mon père, l'Envoyé de Dieu, m'a dit : « Chaque prophète a eu ses apôtres ; les miens dans l'avenir ce seront les Ber- « bères. On massacrera El-H'asan et El-H'oséin ; leurs enfants s'enfuiront au

Ce serait à croire que tout Qoréich émigra jadis dans l'Afrique si l'on ne savait, de reste, ce que valent la plupart de ces généalogies. Chaque fois que l'on a fait une enquête approfondie sur l'origine d'un marabout et que l'on a pu avoir des éléments d'appréciation, on a trouvé sa filiation apocryphe [1]. MM. Hanoteau et Letourneux, dans leur admirable livre, ont donné le résultat de quelques-unes de ces enquêtes sur les Chorfa si nombreux et si curieusement constitués en castes sociales dans la Grande-Kabylie : ils ont établi que tels chérifs descendaient d'un derviche arabe échoué dans le pays depuis un siècle environ, tels autres d'un Turc, tels autres encore d'un nègre; d'autres enfin étaient tout simplement des Kabyles du pays devenus marabouts et se prétendant en même temps chérifs [2]. Le résultat serait le même si l'on examinait de près toutes les généalogies. Celles des saints les plus illustres ne sont point à l'abri de toute critique : Sîdî 'Abdesselâm ben Mechîch [3], le plus révéré de tous les saints du nord du Maroc, a des ancêtres portant des noms qui sentent peu la noblesse. Voici sa généalogie telle que la donne le *Kitâbel-Istiqçâ* du Slâoui [4] : 'Abdesselâm ben Mechîch ben Abî

« Maghrib et les Berbères seuls leur donneront asile. » (وقالت قال لي والدي رسول الله صلعم لكل نبي حواري وحواري ذريتي البربر سيقتل الحسن والحسين ويفر اولادهما الى المغرب ولا ياويهما الا البربر).

1) Voy. au sujet des fausses généalogies que se donnaient les marabouts de la plaine de Gherîs, dont nous avons déjà parlé dans une note comme étant particulièrement fertile en santons : Guin, *De la suppression du manuscrit Anouâr el-Berdjîs*,... in *Rev. afr.*, XXXIe ann., n° 181, janv. 1887, p. 72 seq. M. Guin est un excellent arabisant; il pourrait, s'il le voulait, mettre au jour les documents les plus intéressants sur la société indigène.

2) Hanoteau et Letourneux, *Kabylie*, II, p. 92-93.

3) Voy. sur ce saint Mouliéras, *Maroc inconnu*, II, p. 159-171. Cf. Rinn, *Confréries*, p. 218-219. C'est à tort que cet auteur écrit *'Abdessellem* avec deux *l*, de même que M. Delphin, in *Bull. Soc. géog. et arch. Oran*, avril-juin 1889, p. 193 seq. Au reste l'orthographe de M. Rinn est changeante : ailleurs, p. ex. p. 375, il écrit « Abd-es-Selem ». « Sellâm » n'a pas du tout la même signification que « Selâm ». Voy. encore sur ce saint de La Mart. et Lac., *Documents*, I, 378-370.

4) *Ap*. Mouliéras, *Maroc inconnu*, II, 175 et t. I, p. 210 du texte de l'*Istiqçâ*.

Bekr ben 'Alî ben H'orma ben 'Isâ ben Sellâm ben Mezouâr ben H'aïdara, dont le vrai nom était 'Alî, ben Moh'ammed ben Idrîs ben Idrîs ben 'Abdallah ben El-H'asan ben El-H'asan ben 'Alî ben Abî T'âlib. Deux noms détonent dans cette généalogie : ce sont deux noms berbères, *mechîch* qui veut dire « chat » et *mezouâr* qui veut dire « ancien ». De plus, le tombeau du grand-père de Sidi 'Abdesselâm existe toujours près de 'Aïn-H'adîd, dans les Beni-'Aroûs, où est aussi celui du grand saint : mais là-bas il n'est appelé que Sîdî Bou-Kîr, l'*homme au soufflet de forge*[1]. En ce qui concerne *mechîch*, il ne semble pas y avoir de contestation possible sur une origine berbère; en ce qui concerne *mezouâr*, un tel nom nous est inconnu en arabe, mais il a passé dans le langage maghribin avec le sens général de chef et un grand nombre d'acceptions spéciales[2]. On pourrait à la rigueur admettre qu'il fut le surnom berbère d'un descendant d'Idrîs et que ce surnom prévalut dans l'usage sur le nom, mais on s'expliquerait peu que les généalogistes l'eussent admis tel quel dans leur arbre. Cela est d'autant plus fâcheux qu'il se trouve justement à un point important de la chaîne. Quant à Boû-Kîr, c'est un mot d'arabe vulgaire, à moins que ce ne soit une altération berbère d'Aboû Bekr. A quelque parti que l'on s'arrête dans ces diverses interprétations, il faut admettre : ou que les descendants d'Idrîs étaient tellement berbérisés qu'on leur donnait des noms berbères, ce qui est fort possible, ou que la généalogie ne mérite pas créance. Nous ne nous reconnaissons pas suffisamment éclairés pour décider : rappelons seulement que Sîdî 'Abesselâm ben Mechîch est un des ancêtres des chérifs d'Ouazzân, dont la noblesse est considérée comme supérieure à celle du souverain régnant.

Au reste le mot *marabout* n'est nullement synonyme de

1) Mouliéras, *loc. cit.* Le nom de Bakîr est fréquent chez les Mozabites actuels : il figure au *Vocabulaire officiel*.

2) Voy. Dozy, *in loc.*, auquel on peut ajouter la signification de « chef de douar », dans certaines régions de l'Algérie (Petite-Kabylie, Guergour).

chérif et il y a nombre de marabouts sans prétentions généalogiques : ce ne sont pas ceux que le peuple vénère le moins, comme, par exemple, les descendants du marabout Sîdî 'Allâl el-H'âdjdj el-Beqqâl[1], d'extraction roturière, mais plus vénéré que maint et maint descendant d'Idrîs; tels semblent être (sous réverves toutefois) les nombreux marabouts zénètes du Touât[2]; tels enfin apparaissent les innombrables santons dont les tombes se trouvent au bord de chaque sentier dans l'Afrique du Nord, dont on connaît tout juste le nom et qui sont peut-être les plus intéressants pour celui qui étudie le culte des saints.

A côté de ceux dont on sait à peine le nom, il y a ceux dont on ne le sait pas du tout : et nous ne parlons pas ici seulement de ces *mzâra* qui se trouvent un peu partout et qui consistent simplement en une petite *h'aouît'a* en pierres sèches[3]; celles-ci sont censées recouvrir un saint dont le nom est le plus souvent ignoré, ce sont des lieux où, vraisemblablement, le culte se continue depuis l'antiquité la plus reculée; si l'on demande le nom de celui qu'on honore à cet endroit, on vous répondra que c'est le marabout, *el-merâbet'*, sans plus d'explications. Mais nous parlons de tombeaux ayant plus d'apparence et comportant soit une petite construction à ciel ouvert, soit une qoubba, encore qu'entre la plus modeste *h'aouît'a* formée des pierres qu'un fidèle a ramassées au bord du chemin et la *qoubba* éclatante de blancheur, il y ait toutes les

1) Mouliéras, *op. laud.*, II, p. 470, 753.

2) De La Mart. et Lac., *Documents*, IV, 335, 336, 341, 354, 356, 373, 375, 387... Cf. *ibid.*, p. 508. Sur les marabouts à mœurs berbères d'Insalah, les Ba-Djouda, dont nous venons d'abattre la puissance, cf. Le Châtelier, *Insalah*, in *Bull. Corr. afr.*, 1886, V-VI, p. 430.

3) *H'aouît'a* = enceinte plus ou moins large, plus ou moins haute. Sur ces *mzâra*, voy. Jacquot, *De certaines poteries religieuses kabyles*, in *Rec. archéol. Const.*, 1895-1896, p. 109 et *id.* : *Les m'rahane, études sur certaines poteries d'un caractère religieux dans la Petite-Kabylie*, in *L'Anthrop.*, 1899, t. X, n° 1, janv.-févr., p. 46-53. M. Jacquot est un observateur curieux et d'esprit scientifique.

transitions[1]. Les tombeaux en question sont généralement des constructions délabrées et souvent en ruines. En sortant de Tlemcen, près du chemin de Sidi-Boumedièn, à droite, se trouve un marabout (et nous prenons ce mot au sens vulgaire qu'il a maintenant en Algérie de « construction élévée sur la tombe d'un santon »), complètement ruiné et englobé aujourd'hui dans une propriété européenne. Les fidèles, surtout les femmes, qui se rendent en pèlerinage à Sîdî-Boûmedièn[2], ne manquent jamais de s'arrêter devant un instant : faute de cette station, leur pèlerinage n'aurait pas de succès. Or, on n'a jamais pu nous dire le nom du saint qui a ce pouvoir et il semble que son nom soit à peu près oublié. C'est le cas du reste d'une foule de tombeaux de saints aussi bien à Tlemcen que dans tout le restant de l'Afrique du Nord, que l'on ne connaît que sous le nom d'*El-Merâbet'*[3]. Dans son récent mémoire sur le culte des saints en Égypte, M. Goldziher a soigneusement étudié les saints anonymes ou ceux dont le nom et la légende sont plus ou moins tombés dans l'oubli et, même pour un domaine différent, nous n'avons que peu de chose à ajouter à cette savante dissertation[4]. A Alger, les marabouts anonymes situés auprès d'un chemin ou d'un sentier prennent le nom de *Sîdî Çâh'eb et'-T'rîq*, c'est-à-dire « Monseigneur qui est au bord du chemin ». Il y en avait autrefois plusieurs dans la ville d'Alger qui étaient connus sous ce nom

1) On peut voir toutes les formes de transition réunies dans le cimetière de Sîdî Boûmedièn à Tlemcen.

2) Voyez sur ce célèbre personnage, Bargès, *Vie du célèbre marabout Cidi Abou-Médiène*, Paris, 1884. Ouvrage de grande valeur, comme tous les travaux de l'abbé Bargès, sur Tlemcen et son histoire.

3) Hartmann a vu, près d'Alexandrie, un tombeau où est enseveli un santon qui n'est connu que sous le nom d'*El-Mordbit'* (Hartmann, *Aus dem Religionsleben der Libyschen Wüste*, in *Arch. f. Rel.*, I. Bd, 3. H., p. 272).

4) Goldziher, *op. laud.* On trouve continuellement, dit le savant hongrois, dans la soigneuse description que nous a laissée 'Alî Bâchâ Mobârek des sanctuaires de l'Égypte, la mention suivante qui indique un saint anonyme : فيها ضريح لبعض الصالحين, c'est-à-dire : « En cet endroit se trouve le tombeau d'un certain saint » (p. 1*a* du t. à p.).

vague et même ainsi désignés dans les anciens actes : il y avait un Sîdî Çâh'eb et'-T'rîq, rue de la Grue, avant l'occupation française; il y en avait un autre dans l'emplacement actuel de la rue de l'État-Major, qui fut détruit en 1830; un troisième, rue de la Victoire, ne fut démoli par nous que beaucoup plus tard[1]. Mais l'appellation la plus répandue dans l'Afrique du Nord pour désigner un saint anonyme est Sîdî l-Mokhfî (*makhfî*), c'est-à-dire Monseigneur le Caché, l'Inconnu. Interrogeant un jour des indigènes de Tlemcen sur un saint enseveli à côté de Sîdî El-H'adj Mâ'ammer[2], nous ne pouvions parvenir à en avoir le nom, lorsqu'enfin un de nos interlocuteurs, pressé par nous, nous dit que c'était Sîdî l-Mokhfî et nous prîmes soigneusement note du nom de ce pieux personnage. Nous avions déjà vu souvent des tombes des saints nommé Sîdî l-Mokhfî et nous n'y avions pas attaché autrement d'importance. Un peu plus tard nous fûmes, à notre honte, surpris de lire dans l'ouvrage de Trumelet que cette appellation désignait un saint anonyme; lui-même avait été longtemps trompé par ce mot[3]. Vérification faite près des indigènes, il nous fut confirmé qu'on appelait ainsi tout saint au sujet de la personnalité duquel on n'avait aucun renseignement[4]. Les sanctuaires de Sîdî l-Mokhfî, répandus d'un bout à l'autre de l'Afrique du Nord, sont sans doute le plus souvent des sanctuaires de marabouts dont le nom a été oublié, mais ne recouvrent-ils pas tout simplement, dans nombre de cas, des sanctuaires beaucoup plus anti-

1) Devoulx, *Édif. rel. de l'anc. Alg.*, in *Rev. afr.*, XIIIe année, n° 75, mai 1869, p. 196 ; XIVe année, n° 81, mars 1870, p. 179 ; même année, n° 81, mai 1870, p. 284.

2) Personnage qui, par ailleurs, nous est absolument inconnu. Son tombeau se trouve dans la propriété d'un Espagnol entre la mosquée de Sidi Lah'sen et l'endroit dit *Qeççârîn*.

3) Trumelet, *Saints de l'Islâm*, p. 159-160.

4) Cpr. Sîdî l-Gherîb, *in* Trumelet, *op. laud.*, p. 281. Nombre d'auteurs ont été trompés par cette désignation : par exemple de La Mart. et Lac., *Documents*, IV, p. 308.

ques? l'attention des chercheurs doit être appelée sur ce point.

Ces saints sont évidemment comparables aux *sancti ignoti* du christianisme [1]; mais on ne saurait les comparer, comme le fait Trumelet, aux *dei ignoti* de la religion romaine. Qu'ils soient des marabouts musulmans dont le nom a disparu ou des survivances d'anciens cultes, ils n'ont rien de commun avec ces divinités abstraites que les Romains répugnaient à nommer et qui n'étaient connues que comme dieux protecteurs dans telle ou telle circonstance de la vie [2]. Le plus souvent d'ailleurs le saint dont le nom a disparu prend une nouvelle dénomination, tirée de l'endroit ou il se trouve [3]: dans l'ancien cimetière de Sidi-Boumediên, à Tlemcen, il y a une tombe de saint, où l'on vient en ziâra, et qui ne nous a été désignée que sous le nom de *Sidî Boû-Zemboûdja* [4], c'est-à-dire « Monseigneur de l'olivier » à cause de l'olivier sauvage et rabougri qui se trouve auprès et aux branches duquel flottent quelques ex-voto. Entre cet endroit et Tlemcen, il y a une autre tombe, enclavée dans une propriété, qu'on dit être la tombe de *Sidi-Boû-Zîtoûna*, ce qui signifie aussi « Monseigneur de l'olivier » à cause d'un olivier qui est auprès. *Zîtoûna* s'applique à l'olivier cultivé et *zemboûdja* à l'olivier sauvage. Il n'y a pas lieu, dans ces deux cas, de soupçonner des vestiges de dendrolâtrie. D'ailleurs un troisième exemple va nous montrer la transition entre le saint dont on sait le nom et celui qui n'est plus connu que par le nom d'un arbre : c'est celui de Sîdî Aboû Sa'îd, le chérif h'asanide, qui d'après le *Boustân*, dictionnaire biographique des saints de Tlemcen, était sur-

1) Cf. Goldziher, *Muh. St.*, p. 353, avec une référence intéressante.

2) Cpr. le célèbre verset des *Actes des Apôtres*, XVII, 23, où Paul rencontre un autel portant l'inscription : *Au dieu inconnu*.

3) Cf. Goldziher, *op. laud.*, II, 353, seq. et *Aus dem Heiligenkultus in Aegypten*, p. 16 du t. à p. (Ech-Chîkh Dhîf Allah).

4) Sur le mot *zemboûdj*, dont l'orthographe est extrêmement variable, voir une intéressante note de Fischer, *Hieb- und Stichwaffen und Messer im heutigen Marokko*, in *Mitth. d. Sem. f. Or. Spr.*, Jahrg. II, 2 Abth., p. 224-225.

nommé *Boû-Zîtoûna* parce qu'un olivier avait poussé sur son tombeau[1], près la porte dite actuellement du Nord. Le *Boustân* est du commencement du XVIIe siècle. Or, en 1883, le tombeau et l'olivier existaient encore et le saint était connu[2] : mais il est fort possible que, dans un siècle, il ne lui reste plus que le nom de *Sîdî Boû-Zîtoûna*.

Pour en revenir aux généalogies, dont nous nous sommes un instant éloignés, il faut rappeler que celles que se sont fabriquées tant de personnages n'avaient pas seulement pour but de leur donner une sainte origine, mais surtout de les faire passer pour des membres de la race conquérante, de la race arabe. Le peuple berbère n'a pas échappé à ce sentiment universel : le désir du vaincu de se faire croire le compatriote du vainqueur, pour s'élever ainsi au niveau de la race dominatrice. C'est ainsi que les savants berbères donnèrent jadis à leur nation une origine arabe et ils n'étaient pas en ce cas mus par le sentiment religieux, car ils ne prétendirent pas descendre de la tribu de Mahomet, mais ils se dirent issus de la plus haute et de la plus antique noblesse arabe, la noblesse yéménite[3]. Plus tard, les moindres dynasties berbères qui régnèrent dans le Maghrib se donnèrent comme issues de Qoréïch. Les Benî-Ziyân, de Tlemcen, des Zénètes, firent composer par Aboû 'Abdallah et-Tenessî un traité pour prouver qu'ils descendaient du Prophète[4]. Cependant si l'on s'en rapporte à Ibn Khaldoûn, leur ancêtre

1) Ibn-Meriem, *El Boustân fi awliâï Tlemsân*, mss. de la Bibl. d'Alger, n° 1342, p. 67 ; Delpech, *Résumé du Boustân*, in *Rev. afr.*, XXVIIIe année, n° 161, sept.-oct. 1883, p. 394, appelle incorrectement ce saint Ben Sa'îd ech-Cherîf el-H'osni.

2) Delpech, *loc. cit.* en note : je regrette de n'avoir pas, pendant mon séjour à Tlemcen, visité ce tombeau. Cela est cause que je ne puis affirmer qu'il ne s'agit pas d'une survivance de dendrolâtrie. Cf. Goldziher, *Muh. St.*, II, p. 352.

3) Ibn Khaldoûn, *Berbères*, trad. de Slane, I, 170 seq.

4) C'est le *Naz'm ed-dorr oua l'iqiân fî biyâni charfi Banî Ziyân*, c'est-à-dire « Collier de perles et d'or ou exposition de la noblesse des Beni-Ziyân ». La partie la plus importante a été traduite par Bargès, *Histoire des Beni-Zeiyan*, Paris, 1852. Il y en a un bon ms. à la Bibl. de la Médersa de Tlemcen (n° 14).

Yaghmorâsen faisait assez peu de cas de cette noblesse. « On raconte, dit cet historien, que Yaghmorâsen ben Ziyân..., ayant entendu des personnes faire remonter sa famille à Idrîs, s'écria, dans le dialecte barbare de sa nation : « Si c'est « vrai, cela nous profitera auprès de Dieu, mais dans ce monde « nous ne devons notre succès qu'à nos épées [1]. » Il est vrai que lorsqu'on est de la tribu des Benî-'Abd el-Ouâd [2], qu'on s'appelle Dâdda Yaghmorâsen [3] et qu'on parle un idiome berbère, on est mal venu à prétendre descendre d'une tribu arabe. Mais comme on voit que cela se passe au XIIIe siècle

1) Ceci rappelle la fière réponse du khalife fatimite El-Mo'ezz (*Journ. asiat.*, IIIe sér., t. III, p. 167 ; Dozy, *Musulmans d'Espagne*, III, 15).

2) Les historiens arabes expliquent ce mot par : « l'adorateur de la vallée, le pieux solitaire de la vallée » (Bargès, *op. laud.*, p. XXXIII). M. de Slane y voit une altération de 'Abd-el-Ouâh'ed, « le serviteur du Dieu unique » (De Slane, *Berbères*, III, 326). Tout cela reste hypothétique.

3) Sur les noms berbères en *asen*, voy. R. Basset, *Sanctuaires du Dj. Nefousa*, in *Journ. asiat.*, 9e sér., t. XIV, n° 1, juillet-août 1899, p. 109-111. En ce qui concerne Yaghmorâsen, nous citons (p. 111) : « D'après la tradition, ce mot s'expliquerait par « l'étalon (*iaghmour*) d'eux (*asen*) ». Ce dernier élément serait donc le pronom personnel suffixe masculin pluriel complément d'un nom. Mais, dans les dialectes berbères actuels, la forme *asen* ne se joint qu'aux verbes comme complément indirect et non aux substantifs pour lesquels on emploie *ensen*. Je ne connais pas du reste, en berbère, un mot *iaghmour* signifiant « étalon »... On ne peut nier cependant que les mots cités plus haut se composent de deux éléments, puisqu'on trouve l'un d'eux isolé : Yaghmor ben 'Abd el-Melik (Ibn Khaldoun, *Histoire des Berbères*, III, 121) ; Yaghmor ben Moûsâ (*ibid.*, p. 40). » M. R. Basset ajoute en note : « Et-Tidjânî, dans le récit de son voyage, mentionne près de Gabès la station de Ghamorâsen (منزل غمراسن) qui appartient à la même racine (Rousseau, *Voyage du scheïkh Et-Tidjânî*, Paris, 1853, in-8, p. 153). » — A ces indications, nous pouvons ajouter que les Beni-Guil (Dhahra marocaine) se divisent en deux grandes fractions : les Beni-Goummen et les R'omerâsen (voy. de La Mart. et Lac., *Documents*, II, 356, 365 seq.) et que le *Vocabulaire officiel* des noms indigènes que nous avons déjà cité mentionne Ghomras, غمراس, comme nom patronymique. Il est remarquable que, dans une des plus anciennes inscriptions de Tlemcen, Yaghmorâsen soit appelé simplement *Ghomrâsen* غمراسن, sans *ia* initial : c'est ainsi du reste que le mot est encore prononcé à Tlemcen : c'est ainsi qu'il l'était jadis vraisemblablement, si l'on en juge par la forme *Gamarazan* sous laquelle il a passé en espagnol. Voy. Brosselard, *Mém. sur les tomb. des Beni-Ziâyne*, p. 142.

et que nous sommes loin du XVIe siècle où être chérif sera le premier des honneurs !

Un sentiment analogue poussa longtemps et pousse encore les Maures à se dire Turcs. On sait en quel mépris, un proverbe en témoigne, les seconds avaient les premiers. Aussi dans des villes comme Alger, Dellys, Collo, villes où il y eut des garnisons turques, nous avons personnellement connu beaucoup d'individus se prétendant de race turque pour se donner du relief aux yeux de leurs coreligionnaires, et qui cependant étaient notoirement indigènes. Aujourd'hui que la domination française est passée entre les mains des *Roumis*, il n'est pas rare de voir des individus se donner des origines chrétiennes : un certain *Bourboun*, de Djidjelli, se prétend issu d'un bâtard que le duc de Beaufort aurait eu dans cette ville de quelque femme indigène lors de l'expédition qu'il conduisit en 1664. Beaucoup de tribus se prétendent également d'origine romaine ou chrétienne : les Aïts Ouzerman de la Grande-Kabylie prétendent descendre des Romains [1]; des habitants de l'Aurès se disent *Roumania* et descendants d'un Romain nommé *Bourk* [2]; les Oulâd 'Antar prétendent tirer leur origine de Romains convertis à l'islamisme [3]; l'ancêtre des Oulâd el-R'idî (Aumale) serait un chrétien [4]; les Oulâd Attia (Collo) veulent descendre aussi des chrétiens [5] : enfin d'autres tribus prétendent être parentes des Français. Il en est ainsi des Aïts Fraoucen de la Kabylie [6] et des Benî Fracen, fraction des Dsoûl du Maroc [7] (Djebâla) !

1) Hanoteau et Letourneux, *Kabylie*, II, p. 93.

2) Masqueray, *Documents historiques recueillis dans l'Aurès*, in *Rev. afr.*, XXIe ann., no 122, mars-avril 1877, p. 97, 101. Ouvrage contenant des matériaux de première main recueillis par un spécialiste avec toutes les garanties désirables.

3) Féraud, *Les Ben Djellab*, in *Rev. afr.*, XXXe ann., 1886, p. 363.

4) Guin, *Notes historiques sur les Adaoura*, in *Rev. afr.*, XIXe ann., no 97, janv.-fév. 1873, p. 33. Œuvre d'un chercheur méticuleux et consciencieux.

5) Féraud, *Notes pour servir à l'histoire de Philippeville*, in *Rev. afr.*, XIXe ann., no 110, mars-avril 1875, p. 113.

6) Leur prétention est de notoriété en Algérie.

7) Mouliéras, *Maroc inconnu*, II, 439.

C'est peut-être ici l'occasion de rappeler — et cela rentre davantage dans le cadre de nos études religieuses — que de nombreux marabouts avaient, au dire des indigènes, prédit la domination française en Algérie.

C'est ainsi qu'on prétend qu'à Alger il courait des prédictions annonçant que des soldats vêtus de rouge et portant une aubergine (*badîndjân*) sur la tête viendraient conquérir le pays : on reconnaît là le pantalon rouge de notre infanterie et l'ancien pompon des shakos[1]. Un marabout de Blida, Sîdî Moh'ammed ben Boû Rek'a, avait, quelques années avant la conquête, annoncé le remplacement des Turcs par les chrétiens[2]. Sîdî l-H'âddj 'Aïsâ, de Laghouat, avait également prédit la conquête française et sa dépouille mortelle repose justement sous la qoubba dans laquelle, en 1852, on établit la batterie de brèche qui nous ouvrit la ville[3]. Sîdî

1) Féraud, *Destruction des établissements français de La Calle*, in *Rev. afr.*, XVIIe ann., n° 102, nov.-déc. 1873, p. 435. Les ouvrages de Féraud sont précieux pour le Maghrib, mais on doit savoir comment ils ont été composés. Féraud, interprète de l'armée, compilait assez adroitement, mais sans aucune indication de sources, des renseignements oraux, des renseignements écrits et surtout d'innombrables rapports administratifs. On peut utiliser son œuvre, avec des précautions. Il est même indispensable de le faire, car nombre de traditions historiques recueillies par nos officiers lors de la conquête sont consignées dans les mémoires de Féraud et ne se trouvent pas ailleurs. Quant à ceux qui seraient curieux de voir avec quelle aisance Féraud démarquait le travail des autres, nous leur conseillerons par exemple de comparer *Ouargla*, par le commandant Demaëght, in *Bull. Soc. géog. Oran*, t. I, ann. 1879-1881, pp. 82, 83 seq., avec *Les Ben Djellâb*, par Féraud in *Rev. afr.*, t. XXX, ann. 1886, pp. 369, 371, 372 seq. M. Féraud, s'appropriant un important rapport administratif établi par le commandant Demaëght, ignorait que celui-ci avait gardé la minute de son travail et avait publié dès 1879 le fruit de ses recherches !

2) Trumelet, *Saints de l'Islâm*, p. 367 : « On le rencontrait aussi dans la Mitîdja traçant à travers champs, avec une pioche, des sillons démesurés, et répondant à ceux qui lui demandaient raison de son inexplicable besogne : « Je « trace, ô Musulmans ! les chemins par lesquels passeront bientôt les canons des « Chrétiens. » Et ce qui démontre péremptoirement que Ben Bou-Rek'a était un prophète, nous disaient les Arabes, c'est que, dans la Mitîdja, toutes vos routes passent par son tracé. »

3) Trumelet, *Notes pour servir à l'histoire de l'Insurrection dans le sud de la province d'Alger en 1864*, in *Rev. afr.*, XXIe n° 121, janv.-févr. 1877, p. 71 seq.

Ah'med ben Yoûsof avait aussi annoncé la domination française[1] et Moûlaye et'-T'ayyeb, le célèbre organisateur de la confrérie des T'ayyibiyya, aurait aussi fait cette prédiction[2]. Son ancêtre Moûlaye 'Abdesselâm ben Mechîch, à l'instar de Sîdî l-Hawwârî qui annonça la conquête d'Oran par les Espagnols[3], prophétisa également leur entrée à Tétouan plusieurs siècles à l'avance[4]. De plus il a dit : « Le Franc habitera Ouazzân et El-Qçar-el-Kebîr : il bâtira une ville sur le territoire de Lékhloût' et il y amènera les eaux du Djebel Ech-Chaoûn[5]. » Les Benî-Boû-Zera' ont une tradition suivant laquelle le pays de Ghmâra appartiendra un jour aux chrétiens, sauf pourtant le territoire occupé par la fraction et la ville d'Ech-Chaoûn[6]. Mais, parmi le peuple d'Ech-Chaoûn même, il circule des prédictions disant que les chrétiens s'empareront de cette ville[7].

* * *

De même que Sîdî l-Hawwârî, auquel nous venons de faire allusion, offensé par les Oranais, avait appelé sur leur ville la malédiction divine et prédit la prise d'Oran par l'Espagne,

Mangin, *Notes sur l'histoire de Laghouat*, in *Rev. afr.*, XXXVII° ann., n° 211, 4° trim. 1893, p. 380. Deux ouvrages historiques importants.

1) R. Basset, *Dict. sat. de Sidi Ahmed ben Yousof*, p. 22. De plus ce santon est l'auteur des deux dictons suivants : شلف يا خيرا لاوطان ' تخلى بعد العمارة وتصير دكان * ويعمروك الفرانصيص النصارى, « Chélif, la meilleure des patries. Tu seras déserte après avoir été peuplée et tu deviendras une boutique (un marché ?). Les Français chrétiens te peupleront. » ' متيجة * بقرة سمينة وشحمها للفنين ' اولها للترك واخرها للنصارى. « La Métidja, une vache grasse, et sa graisse appartient à deux races, le commencement aux Turcs, la fin aux Chrétiens » (dictons 80 et 87).

2) Rinn, *Marabouts et Khouan*, p. 373.

3) Fey, *Histoire d'Oran* ; R. Basset, *op. laud.*, p. 41 et *Fastes de la ville d'Oran*, in *Bull. Soc. géog. Oran*, XV° ann., t. XII, fasc. LIII, janv.-mars 1892, p. 64, où l'on trouvera les références.

4) Mouliéras, *Maroc inconnu*, II, p. 162.

5) Id., *loc. cit.*

6) De La Mart. et Lac., *Documents*, I, p. 351.

7) Mouliéras, *op. laud.*, II, p. 127.

de même Sîdî bel 'Abbès es-Sebtî fit cadeau aux Espagnols de sa ville natale, Ceuta, dont les habitants l'avaient méprisé[1]. Il chercha ensuite un refuge à Maroc, dont il est devenu depuis le principal protecteur. Son entrée dans la ville ne se fit pas sans quelques difficultés, si l'on s'en rapporte à la légende : les autres saints qui se trouvaient là craignaient en effet la concurrence de ce nouveau collègue et ils lui envoyèrent une tasse remplie d'eau jusqu'au bord, lui faisant dire : « Si vous pouvez ajouter quelque chose au contenu de ce vase, entrez. » Nullement embarrassé, le saint prit une rose que le soleil avait flétrie et la plaça dessus : la tige de la fleur altérée but presque aussitôt l'eau qu'elle déplaçait et force fut aux saints de Maroc de laisser entrer leur rival, qui devint bientôt le patron de la ville[2]. Sîdî bel 'Abbès en effet, dont le nom exact est Aboû l-'Abbâs Ah'med ben Dja'far el-Khazradjî es-Sebtî, vécut à Maroc au VIe siècle de l'hégire et y fut enterré[3]. Il n'a cessé pendant sa vie et depuis sa mort de protéger les habitants de la ville de Merrâkech (Maroc) et de tout le Maroc en général. Pendant la célèbre bataille des Trois Rois (4 août 1578) que les auteurs arabes appellent bataille de l'Oued-el-Mekhâzen, tandis que les historiens por-

1) Mouliéras, *Maroc inconnu*, II, 702-703. Erckmann, *Maroc moderne*, p. 108, dit que le saint, ayant prévu que la ville allait être prise par les chrétiens, la vendit à un juif pour la valeur d'un pain afin de pouvoir dire qu'elle n'avait pas été enlevée aux musulmans ; mais il n'indique pas la source de cette légende. Nous avons déjà dit que les renseignements de cet auteur ne peuvent être accueillis qu'avec réserves.

2) Cette légende est rapportée par Harris, *Tafilet*, p. 40-42. Erckmann, *loc. cit.*, en donne une variante ou une altération (?)

3) Sur ce saint, voy. El-Maqqarî, *Analecta*, éd. Dozy, II, 68-69, dont le passage le plus intéressant au point de vue du culte des saints est traduit par Goldziher, *Muh. Stud.*, II, p. 325 ; voy. aussi *Nefh 'et'-T'îb*, éd. du Caire, 1309 hég., IV, p. 355-361 (ce quatrième volume contient la vie du vizir Lisân ed-Dîn, qui ne se trouve pas dans l'édition de Leyde). Cf. *Kitâb el-Istiqçâ*, I, 209. Sîdî bel 'Abbès mourut en l'année 601 (1204). Stumme, *Märchen der Schluh von Tazerwalt*, 1 vol. Leipzig, 1895, p. 166-173, donne aussi une curieuse légende sur ce célèbre personnage. Cf. encore Erckmann, *op. laud.*, p. 108-110, sous les réserves indiquées dans la note 6 de la page précédente.

tugais la nomment bataille d'Alcazar (El-Qçar el-Kebîr) et où deux souverains marocains et un souverain portugais trouvèrent la mort[1], « Sîdî bel 'Abbès es-Sebtî apparut aux yeux de tous dans la mêlée; il était monté sur un cheval gris et allait de tous côtés exciter l'ardeur des combattants »[2]. Sîdî bel 'Abbès, du reste, n'est pas seul à protéger la ville de Maroc : il partage ce rôle de protecteur avec six autres saints, en sorte que la ville n'a pas moins de sept patrons que l'on appelle vulgairement *Seb'a Ridjâl*, c'est-à-dire « les sept hommes »[3]. C'est qu'en effet, tous les saints locaux que nous rencontrons dans l'Islâm maghribin sont de véritables *patrons* de pays[4]. Ils protègent envers et contre tous la ville, la bourgade, la simple *dechera* où ils ont leur tombeau : Sîdî Moh'ammed el-H'âdjdj Boû-'Arrâqia est le patron de Tanger[5], Sîdî Yoûsof et-Tlîdî est celui d'Ech-Chaoûn, Sîdî s-Sa'îdî celui de Tétouan; un jour que les éternels ennemis des Chaoûnais, les guerriers de Lékhmâs, montaient à l'assaut d'Ech-Chaoûn, Sîdî Yoûsof sortant de son tombeau saisit l'échelle au moyen de laquelle ils allaient pénétrer dans la ville et, la secouant comme un fétu, la rejeta au loin[6]; Sîdî s-Sa'îdî foudroya par une formidable explosion les soldats espagnols qui, en 1860, osèrent violer son sanctuaire[7]. Ce dernier miracle est un de ceux qui se répètent dans toute l'Afrique du Nord avec

1) Voy. l'indication des deux ou trois principales sources dans Mercier, *Histoire de l'Afrique septentrionale*, III, Leroux, 1891, p. 122. La bibliographie complète de cette célèbre bataille serait assez longue et ici hors de propos. Rappelons que Montaigne lui a consacré une page de ses *Essais*, l. II, ch. XXII, *in fine*.

2) *Nozhet el-H'âdi*, trad. Houdas, p. 133 134.

3) Erckmann, *Maroc moderne*, 108, les énumère, mais en estropiant leurs noms. Cf. les *seb'a ridjâl* des Beni 'Aroûs, *in* Mouliéras, *Maroc inconnu*, II, 171 et les *seb'a ridjâl* d'Alger dans Venture de Paradis, *Un chant algérien au* XVIII*e siècle*, *in Rev. afr.*, XXXVIII*e* ann., 3e-4e trim. 1894, nos 216-215, p. 339.

4) Sur les saints comme patrons, en un sens plus restreint que celui dans lequel nous prenons ce mot ici, voy. Goldziher, *Muh. Stud.*, II, 310-311.

5) Mouliéras, *Maroc inconnu*, II, 633.

6) Mouliéras, *id.*, 137.

7) Mouliéras, *id.*, 203.

le plus de monotonie. En voici le modèle général. Le marabout dont la mzâra est située au point culminant des montagnes des Benî-Fergân, tribu de la commune mixte d'El-Milia, est certainement peu connu, et son nom m'échappe en ce moment même quoique le chîkh des Beni-Fergân lui-même m'ait raconté qu'en 1804, lorsque le bey 'Otsmân s'aventura à la tête de ses troupes dans cette région accidentée, trois énormes coups de canon sortirent des flancs de la montagne où repose le marabout et anéantirent l'armée ; l'histoire malheureusement n'est pas d'accord avec notre chîkh, car les circonstances de la mort du bey 'Otsmân sont bien connues[1]. On trouvera dans les ouvrages de Trumelet, entre autres, une foule d'exemples du même miracle. Trois saints, Sîdî Betteqâ, Sîdî Boû-Gdoûr et Oualî Dâda, tous fort vénérés à Alger, se disputent l'honneur d'avoir sauvé cette ville en déchaînant contre la flotte de Charles-Quint, en 1541, une effroyable tempête[2]. Dans un curieux chant populaire algérien, qui nous a été conservé par Venture de Paradis, le poète décrit le bombardement d'Alger par une flotte danoise, en 1770, bombardement qui n'eut aucun succès, et il énumère avec complaisance à ce propos les nombreux saints qui protégèrent si longtemps la capitale de la Régence[3]. Aboû Fâris, sultan hafcide, assiégeant Tlemcen voit en rêve la foule des saints protecteurs de la ville des Benî-Ziyân se précipiter contre ses armées et à la suite de ce songe renonce à son

1) Cf. Luciani, *Les Ouled-Athia de l'Oued Zhour*, in *Rev. afr.*, XXXIIIe ann., 4e trim. 1889, n° 195, p. 298 seq. Matériaux intéressants sur l'histoire, les mœurs et le dialecte de cette tribu; information orale ; l'auteur est aux premiers rangs des arabisants algériens. On peut voir, à la fin de son travail (p. 309-311), que la manie du chérifat sévit aussi bien sur les bords de l'Oued Zhour qu'ailleurs. Voir les autres références relatives à l'expédition du bey 'Otsmân *in* Mercier, *Hist. Afr. sept.*, III, 460, n. 1.

2) Voy. Devoulx, *Édifices religieux de l'ancien Alger*, in *Rev. afr.*; XIIe ann., n° 68, mars 1868, p. 114; XIIIe ann., n° 74, mars 1869, p. 129 et XIVe ann., n° 80, mars 1870, p. 186. Cf. Haëdo, *Topographie et Histoire d'Alger*, in *Rev. afr.*, XVe ann., n° 85, janv. 1871, p. 44 et n. et n° 87, mai 1871, p. 224.

3) Venture de Paradis, *loc. cit.*, p. 337-339 (édité par E. Fagnan).

dessein[1]. On allongerait indéfiniment, sans utilité d'ailleurs, la liste de ces exemples : toute ville a ses *mouâlîn el-bled*[2], ses patrons, parmi lesquels, du reste, il y en a généralement un qui a la préférence sur les autres : Sîdî Boûmedièn[3] est le vrai *moûl el-bled* de Tlemcen, de même Sîdî 'Abd er-Rah'mân ets-Tsa'labî pour Alger, Sîdî bel 'Abbès pour Maroc, Moûlaye Idrîs pour Fez; pas de village, de *mechta*, de *zerîba*, de *dechra* qui n'ait son patron, et ces patronats, comme nous l'avons déjà expliqué, remontent pour la plupart au XVIe siècle, à l'époque de la grande rénovation religieuse de l'Afrique du Nord; le mouvement se continue du reste, et on voit encore des villages changer leur ancien nom contre celui d'un saint : un hameau de Mtsioua (Djebâla) qui s'appelait naguère exclusivement Er-Retba a été débaptisé récemment; les habitants ont choisi pour patron Moûlaye Boû-Chtâ, le célèbre saint de Fechtâla, et cette dénomination tend à remplacer définitivement l'ancienne[4]. Le patron domine toute la vie religieuse du pays : on l'invoque à tout propos ; à son sanctuaire tous les procès se terminent par le serment; on nomme de son nom les enfants qu'on veut placer sous sa protection. C'est ainsi qu'à Tlemcen les Boûmedièn sont nombreux à cause du nom du célèbre saint enterré à El-'Eubbâd et qui est le « moûl el-bled ». Même les juifs de Tlemcen ont leur « rebb el-bled » qui protège la communauté[5] : les religions d'ailleurs n'ont pas coexisté si longtemps dans un même pays sans s'influencer réciproquement.

1) Extrait du *Boustân* par Bargès, *Complément de l'histoire des Beni-Zeiyan*, p. 328-329.

2) *Mouâlîn*, pluriel vulgaire de *moûlâ* (*mawla*), en annexion *moûl*, ex. : *moûl el-bled*, patron religieux, *moûl es-Sâ'a*, le Maître de l'Heure, etc.

3) L'orthographe officielle et fautive est : Boumédine. C'est par erreur que nous l'avons employée plus haut : on prononce toujours Bou Medièn ou mieux Bou Mdièn.

4) Mouliéras, *Maroc inconnu*, II, 393.

5) Cf. à ce sujet Darmon, *Origine et constitution de la communauté israélite de Tlemcen*, in *Rev. afr.*, XIVe ann., juillet 1870, n° 82, p. 381-382.

Sîdî 'Abd-el-Qâder el-Djîlânî est le patron d'un nombre incalculable de villages dans l'Afrique du Nord, où on l'appelle T'îr el-Merâgueb, طير المراقب, « l'oiseau des vigies », à cause des nombreux monuments érigés à sa mémoire et qui dominent des montagnes élevées[1]. De là vient que les prénoms de Djilâlî, Djelloûl, Qouîder, Baghdâdî[2] sont partout si nombreux, ces différentes appellations étant données au célèbre saint. Si l'on remarque qu'il est ainsi vénéré d'un bout à l'autre du monde musulman, de l'Insulinde hollandaise au fond du Maroc, en passant par l'Inde, l'Afghanistan, l'Égypte[3], on est tenté de mettre en doute ce que nous avons avancé plus haut, à savoir que le culte des saints a généralement ici un caractère local : mais, d'autre part, si l'on en croit les légendes qui se racontent dans tous les pays où on lui a élevé une *qoubba*, 'Abdelqâder el-Djîlânî aurait visité chacun de ces endroits et signalé son passage par quelque miracle; il aurait même particulièrement affectionné le Maghrib, et c'est en cela que nous avons pu dire que même le culte que l'on rend à ce pôle universellement vénéré prend une sorte de caractère national. Il n'y a pas du reste qu'à Sîdî 'Abdelqâder el-Djîlânî que l'on attribue des voyages qu'il n'a pas faits. Dans le Maghrib, comme dans tout le reste de l'Islâm, on

1) Delphin et Guin, *Notes sur la poésie et la musique arabes dans le Maghreb algérien*, Paris, 1886, p. 109. Renseignements de source sûre : le livre dénote une connaissance approfondie des indigènes algériens et des dialectes qu'ils parlent.

2) *Djîlâlî*, altération de *Djîlânî*; *Djelloûl*, forme maghribine très répandue; *Qouîder*, diminutif de *Qâder*, lequel ne s'applique qu'à Dieu; *Baghdâdi*, Sîdî 'Abdelqâder est enterré à Baghdâd.

3) Cf. Goldziher, *Aus dem Mohamm. Heiligenkult. in Aegypt.*, p. 5 *b* et 6 *a* du t. à p., avec d'intéressantes références. A Alger même, Sîdî 'Abdelqâder el-Djilâlî avait une chapelle élevée à l'endroit même où, d'après la tradition, il aurait creusé un puits, lors de son voyage à Alger. La chapelle et le puits, dont l'eau avait naturellement des propriétés miraculeuses, existaient encore en 1866, époque à laquelle le percement du Boulevard fit disparaître le sanctuaire, à la grande affliction des dévots musulmans (Devoulx, *Édifices religieux de l'ancien Alger*, in *Rev. afr.*, XIIIe ann., mars 1869, n° 74, p. 133-134, et une note de Berbrugger, in *Voy. d'El-Aïâchi*, p. 32, n. 1).

trouve de nombreux tombeaux attribués à des compagnons du Prophète qui très certainement n'ont jamais vu le pays où l'on prétend que repose leur dépouille. M. Goldziher en a donné d'intéressants exemples pour l'Égypte[1], de même que M. Hartmann[2]. M. Schreiner a rapporté de son côté les efforts faits par des théologiens pour écarter ces pieuses fraudes[3]. On relève dans la *rih'la* (voyage) d'un auteur maghribin le nom d'un prétendu compagnon du Prophète dont on plaçait le tombeau à Gabès[4]; M. Goldziher a signalé dans le voyage d'El-'Ayâchî la mention d'un certain prophète Khâled, qui reposerait non loin de Biskra[5]. Un des exemples les plus curieux que nous ayons rencontrés en Algérie de ces soi-disant compagnons ou *successeurs* des compagnons du Prophète[6] est celui d'un des saints les plus révérés de Tlemcen et qu'on dit être Ouahb ibn Mounabbih[7]; il faut avouer qu'on ne s'attendait guère à voir honorer au fond du Maghrib la dépouille de ce juif converti à l'islamisme, d'origine perse, né et mort dans le Yémen d'après tous les témoignages historiques qui nous en restent[8].

1) Goldziher, *Aus dem mohamm. Heiligenkult. in Aegypt.*, p. 3*a*, 3*b*, 6*b* du t. à p.

2) Hartmann, *Aus dem Religionsleb. der Lib. Wüste, loc. cit.*, p. 263, 273.

3) Schreiner, *Beitr. z. Gesch. d. theol. Beweg. in Islam*; c) *Ibn Tejmîya über Volksbrauche nichtmusl. Urspr. u. über d. Heiligenkult*, in *Z. D. M. G*, LIII Bd, I H., 1899, p. 55, et p. 103 du t. à p.

4) *Voyage de Moulâ Ah'med*, trad. Berbrugger (à la suite de la *Rih'la* d'El-Aïachi), p. 272.

5) *Voyage d'El-'Aïâchi*, trad. Berbrugger, p. 142 seq.; Goldziher, *Muh. St.* II, 355. Cf. dans Masqueray, *Documents historiques recueillis dans l'Aurès occidental*, in *Rev. afr.*, XXIe ann., n° 122, mars-avril 1877, p. 116, une légende sur un certain Sîdî Khâled qui aurait jadis converti les habitants de l'Aurès.

6) Les successeurs, *tâbi'oûn*, sont ceux qui, n'ayant pas connu directemen le Prophète, ont connu un ou plusieurs de ses compagnons.

7) On prononce à Tlemcen Sîdî l-Ouahhâb ben Mounebbih. Nous espérons donner sous peu sur ce personnage des renseignements plus étendus.

8) Sur Ouahb ibn Mounabbih, voy. Chauvin, *La recension égyptienne des Mille et une Nuits*, Bruxelles, 1899 (*Bibl. de la Faculté de phil. et lett. de Liège*, fasc. VI), p. 31-32 et 51-58, où l'on trouvera les références à Ibn Khallikân, Ibn el-Atsîr, Ibn Khaldoûn ..... ainsi qu'aux ouvrages modernes. On

Des traditions analogues et tout aussi menteuses ont amené les Tlemcéniens, dont la ville porte couramment dans le pays le nom d'*El-Djidâr* (en arabe littéral « muraille » ; en dialecte maghribin « ancienne construction, ruine »), à soutenir que Tlemcen était le pays dont il est parlé dans le Coran, sour. VIII, verset 76, lorsque Moïse arrive avec le voyageur inconnu qui n'est autre que Khidr ou Élie, dans une ville dont le mur (*djidâr*) est en ruine, et lorsque ce dernier prophète relève le dit mur sans demander aucun salaire. — Les indigènes de Zerqets (Rîf marocain) croient que l'arche de Noé est venue s'échouer sur une de leurs montagnes nommée par eux Tîdzîghîn, mais que les Arabes appellent Djebel el-Goûdî. On voit là un souvenir du Coran, sour. XI, vers. 46, où il est dit : واستوت على الجودي, « et (le vaisseau) s'arrêta sur le Djoûdî »[1]. Sur la côte des Ghmâra, une falaise verticale, au-dessus de la coupole d'un santon nommé Sîdî Yah'yâ l-Ouardânî, montre une excavation semblable à une vaste chambre : les indigènes appellent cette grotte *zâouia bent sîdnâ Noûh'* (l'ermitage de la fille de Notre Seigneur Noé) et sont convaincus que celle-ci y est enterrée[2]. Un des saints les plus vénérés des Beni-Snassen et qui a son tombeau à Oudjda, près la frontière algéro-marocaine, est Sîdî Yah'yâ ben Yoûnès, saint Jean fils de Jonas. La tradition en fait un disciple de Jésus et l'identifie avec saint Jean le Baptiste[3]. De

peut ajouter à la liste de ces derniers Lidzbarski, *De propheticis, quae dicuntur, legendis arabicis*, Leipzig, 1893, p. 44-54.

1) Mouliéras, *Maroc inconnu*, II, 811 n.

2) Id., p. 257.

3) Moh'ammed ben Rah'al, *A travers les Beni Snassen* in *Bull. Soc. géog. et arch. d'Oran*, XIIe année, t. IX, fasc. XI, janv.-mars 1889, p. 19. Mémoire extrêmement remarquable par la précision des détails et la netteté des vues. Renseignements de premier ordre (observation, information). On regrette que M. Moh'ammed ben Rah'al ne nous communique pas plus souvent le fruit de ses observations et de ses études. En ce qui concerne Sîdî Yah'yâ il pense qu'il s'agit ici de quelque saint chrétien dont le nom serait resté vénéré par les indigènes. Il serait fort intéressant de voir cette hypothèse, d'ailleurs plausible, étayée de quelque preuve.

même le tombeau de Sîdnâ Oûcha', situé près de Nemours, représente pour les indigènes la sépulture du prophète Josué (Ioûcha')[1], et l'on sait du reste, qu'en Orient il existe de nombreux tombeaux apocryphes des anciens prophètes[2]. Les indigènes des Benî-Zerouâl, au Maroc, considèrent comme sainte une de leurs montagnes parce que, disent-ils, Sîdnâ 'Aïsâ, c'est-à-dire Notre-Seigneur Jésus-Christ, y demeura quelque temps : c'est le Djebel Ouddka[3]. Sîdnâ 'Aïsâ joue un grand rôle dans nombre de traditions maghribines et souvent des agitateurs se sont fait passer pour lui : on sait en effet que, suivant la croyance musulmane, il doit revenir à la fin des temps. Le faux Boû-Dâlî des Benî-Toufoût[4], qui prêchait la guerre sainte contre nous, avait lancé une proclamation dans laquelle on lisait : « Je suis l'image de celui qui est sorti du souffle de Dieu, je suis l'image de N.-S. Jésus, je suis Jésus ressuscité. » Au Soudan, le célèbre H'âdjdj 'Omar qui, au milieu de ce siècle, avait mis, sous couleur de prosélytisme, le pays, à feu et à sang, se fit d'abord passer aussi pour Jésus-Christ[5].

Nous avons fait allusion plus haut aux saints juifs, aux marabouts juifs, pourrait-on presque dire : il arrive parfois que certains marabouts d'origine vraisemblablement musulmane mais portant un nom biblique sont vénérés à la fois par les juifs et les musulmans. Chez les Israélites de Tlemcen, on entend couramment des gens du commun qui soutiennent

1) Moh'ammed ben Rah'al, *loc. cit.*

2) Voy. Goldziher, *Aus d. moh. Heil.-kult. in Aeg.*, 3*b* et 5*a-b* du t. à p.

3) Mouliéras, *Maroc inconnu*, II, 807 n.

4) Moh'ammed ben el-H'arech Boû Dâlî était ce chef qui tint tête au bey 'Otsmân dans la guerre dont nous avons parlé plus haut. Cette guerre avait eu lieu en 1804. Or en 1844, un individu âgé d'à peine trente ans se faisait passer pour Boû Dâlî, revenu miraculeusement, et soulevait contre nous une des tribus les plus incorrigibles, les Benî-Toufoût. La proclamation dont nous avons cité un extrait est tirée de Féraud, *Notes pour servir à l'histoire de Philippeville*, in *Rev. afr.*, XIXe année, n° 112, juillet-août 1875, p. 258. Malheureusement Féraud ne donne pas le texte de la proclamation.

5) O. Lentz, *Timbouctou*, trad. franç. par P. Lehautcourt, Paris, 1886, I, p. 173.

que Sîdî Ya'qoûb, santon fameux enterré aux portes de la ville [1], fut un juif. Et de fait, les juives visitent ce marabout et y font des sacrifices tout comme les musulmanes : seulement la plupart du temps elles ont soin de s'habiller comme ces dernières. A Tunis aussi un saint est également visité par les juifs et les musulmans [2]. Chénier raconte qu'à quelque distance de Fez, dans une montagne qu'il appelle « Askrou », il y a un saint « que les Berbères et les juifs réclament avec la même dévotion ; l'opinion commune est que c'est un juif qui fut enterré dans cette partie de l'Afrique, longtemps avant le mahométisme. Les femmes des Berbères et des juifs qui désirent avoir des enfants ont la dévotion d'aller à pied au haut de cette montagne, où est l'hospice du saint [3] ». C'est exactement ce qui se passe à Sîdî-Ya'qoûb de Tlemcen. — D'autre part, il paraîtrait qu'à Fez « les Marocains rendent une sorte de culte à la mémoire de « Sol Achouel », juive de Tanger, qui mourut de notre temps dans des supplices atroces plutôt que d'abjurer la loi de Moïse, ou de renouveler une abjuration qu'elle avait faite en cédant aux séductions de l'amour [4] ». Dans le même ordre d'idées, il faut citer le très curieux ex-voto, dont l'abbé Bargès a donné le texte en fac-similé et qui fut adressé à la Vierge par un vieux marabout

1) Sur ce saint voy. le *Boustân fî dzikri l-'oulamâ oua l-awliâ bi Tlemsân*, mss. de la Bibl. d'Alger, n° 1737 du Catalogue Fagnan, p. 283. Traduction *in* Bargès, *Compl. Hist. Beni-Zeiyân*, p. 96-97.

2) Lapie, *Civilisations tunisiennes*, p. 251.

3) Chénier, *Recherches historiques sur les Maures et histoire de l'empire de Maroc*, Paris, 1787, t. III, p. 154-155. Chénier est un auteur où il y a encore d'assez bons renseignements à prendre, mais on doit en user avec quelque précaution. Cf. Mouliéras, *Maroc inconnu*, II, 605.

4) Abbé Godard, *Description et histoire du Maroc*, Paris, 1860, I, 83-84. Bon livre pour l'époque ; mais noter que l'auteur est un catholique ardent. Ainsi il déclare, sans en donner aucune autre preuve, que Sol Achouel doit appartenir à l'Église du Christ et non à la Synagogue talmudiste, parce que les rabbins avaient officiellement permis l'aspostasie extérieure pour éviter la mort. Il ajoute que, d'après ses renseignements, le lieu du supplice de la martyre est sur une place de Fez, protégé par une enceinte qui en empêche la profanation.

musulman qu'il connaissait particulièrement [1] : la Vierge y est appelée *id settinâ Meyrem*, où l'on voit l'emploi de l'expression *setti* que nous avons étudiée plus haut. Cet ex-voto avait été placardé dans une niche contenant la statue de la Vierge, dans la cathédrale d'Alger : il faut ajouter que la cathédrale d'Alger est une ancienne mosquée; la niche dont il s'agit était l'ancien *mih'rab* de la dite mosquée et au-dessous d'elle se trouvait justement écrit, en lettres d'or, un des versets du Qoran où il est parlé de Marie (sourate III, verset 32). Ce dernier détail peut expliquer en partie l'acte du vieux marabout [2]. — Près de Tunis, d'après Lapie, le tombeau de saint Louis est encore vénéré par les musulmans à l'égal de celui d'un marabout [3].

Il est arrivé souvent que des renégats juifs ou chrétiens sont devenus marabouts. Sans aller chercher des cas comme celui du duc de Ripperda, aventurier hollandais, ex-ministre d'Espagne, qui, s'étant mis au service d'un souverain marocain, fut battu par les Espagnols et, suivant certains auteurs [4], embrassa l'Islâm et fut ensuite vénéré sous le nom de Sîdî 'Osman, on peut puiser dans les traditions musulmanes des exemples de chrétiens ou de juifs devenus musulmans et marabouts. Tout le monde connaît la presqu'île de Sidi-Ferruch où l'armée française débarqua en 1830. Là se trouvait le tombeau de Sîdî Feredj (dont nous avons fait Ferruch) : la légende rapporte qu'un capitaine espagnol nommé Rouche ou Rouko vint mouiller à cet endroit : trouvant le saint endormi, il le fit prisonnier; mais après ce rapt impie, il eut beau forcer de

1) Bargès, *Compl. de l'Hist. des Beni-Zeyan*, p. 558 seq. et le fac-similé, placé à la fin du volume.

2) Il n'est peut-être pas inutile non plus de faire remarquer qu'il y avait à Alger, près de la porte Bab el-Oued, un oratoire fondé par une maraboute nommée Setti Meryem ou Settenâ Meryem. Il fut démoli dès les premiers temps de la conquête (Devoulx, *Édifices relig. de l'anc. Alger*, in *Rev. afr.*, VIIIe année, n° 43, janv. 1864, p. 29-30).

3) Lapie, *Civilisations tunisiennes*, 246.

4) Cf. Mouliéras, *Maroc inconnu*, II, 730 n.

voiles, son navire n'avançait pas. Touché de la grâce, il embrassa l'Islâm et se fit le serviteur du saint. Ils furent inhumés l'un près de l'autre et Sîdî Rouko passa avec Sîdî Feredj à l'immortalité. Lorsqu'en 1847, la construction d'un fort nécessita la démolition de la chapelle, on exhuma bien deux squelettes, ainsi que le constate un procès-verbal officiel; ils furent transportés à une heure de là, dans le cimetière de Sîdî Moh'ammed el-Akbar[1]. — Un cas beaucoup plus intéressant est rapporté par le fanatique auteur du *Kitâb el-Istiqçâ*; il vaut la peine d'être traduit : « L'an 661 (1263 de J.-C.) mourut le chîkh, qui avait la connaissance (mystique) du Dieu Très-Haut et qui était d'un rang élevé, Abou Nou'aïm Ridhouân ben 'Abdallâh le Génois, c'est-à-dire originaire de Gênes au pays des Européens; son père était chrétien et sa mère était juive. Voici d'après le récit d'Aboû l-'Abbâs el-Andalousî dans sa *Ri'hla* en quelles circonstances son père embrassa l'islamisme. Ce dernier, dans son pays, à Gênes, avait un cheval qui s'échappa une nuit, entra dans la cathédrale (الكنيسة العظمى) et fit ses excréments dedans sans être aperçu par aucun des bedeaux (سدنة) de l'église, ni par quelque autre. Le père de notre saint se hâta de faire sortir son cheval; mais lorsque vint le matin, les gens de l'église virent le crottin et dirent : « Certes, le Messie est venu hier dans l'église sur son cheval « et celui-ci y a fait ses excréments. » La ville fut mise en émoi par cet événement et les chrétiens se disputèrent l'achat de ce crottin, au point qu'une parcelle se vendait un prix énorme. Cependant le père d'Aboû Nou'aï connut aux chrétiens leur erreur et s'enfuit à Rbât' el-[illegible]ath', sur le territoire de Slâ. Là il fit la rencontre d'une juive qu'il épousa et celle-ci devint mère du chîkh Aboû Nou'aïm. Celui-ci grandit également dans la science, dans la sainteté (*ouilâia*) et dans l'amour du Prophète, sur qui soient le

1) Le procès-verbal l'appelle Mohammed ou el-Hagard (*sic*). Voy. Devoulx, *Monuments relig. de l'anc. Alger*, in *Rev. afr.*, XIVe année, n° 79, janvier 1870, p. 286-287 et Trumelet, *Algérie légendaire*, p. 369-374.

salut et la bénédiction de Dieu [1]. » Le fils d'un chrétien et d'une juive devenant un oualî, voilà certes une histoire que l'on ne s'attendrait pas à trouver dans un auteur aussi intolérant que le Slâouî, qui doit cependant, car il vit encore, connaître et approuver le proverbe marocain : اليهودي لا يكون مسلم الا بعد اربعين جد, c'est-à-dire : « Le juif ne devient bon musulman qu'à la quarantième génération [2]. »

* * *

Rien mieux que l'histoire que nous venons de raconter, ne nous montre combien la qualité de marabout est indépendante de toute question de race et de caste. Ce n'est pas non plus exclusivement la science qui confère ce titre : l'immense majorité des marabouts sont illettrés. Enfin il est inutile d'ajouter qu'ils n'ont guère d'attaches officielles avec le gouvernement : les fonctionnaires du culte et de la loi, les imâms, les cadis ne se recrutent généralement point parmi eux. On est surpris de trouver dans le Dictionnaire de l'Académie [3] cette définition : « Marabout, s. m. Nom donné, dans quelques contrées de l'Afrique, à un prêtre mahométan attaché au service d'une mosquée. » L'auteur d'un livre sur l'Algérie [4] a fait remarquer que cela rappelait beaucoup la fameuse définition de l'écrevisse qui, suivant de mauvaises langues, avait été présentée à l'une des séances et que le grand Cuvier aurait, dit-on, si spirituellement raillée. Le marabout, en effet, n'est pas un prêtre mahométan et n'est attaché à aucune mosquée. Ce n'est guère que sous notre domination que des marabouts ont consenti à accepter certaines fonctions religieuses ou politiques.

1) Ah'med ben Khâlid en-Nâcirî es-Slâouî, *Kitâb el-Istiqçâ li akhbâr douwal el-Maghrib el-Aqçâ*, 4 vol. Caire, 1304, t. III, p. 96-97. Nous devons à M. Mouliéras l'indication de ce curieux passage.

2) Mouliéras, *Maroc inconnu*, II, 709 n.

3) Institut de France, *Dictionnaire de l'Académie française*, 6e édition, t. II, p. 164, *a*.

4) Henri Béchade, *La chasse en Algérie*, nouv. éd., 1 vol., Paris, 1880 ; p. 166. Presque la moitié du livre est employée à donner sur les indigènes des détails intéressants.

Comment donc devient-on marabout? il y a pour cela plusieurs voies : la science, les bonnes œuvres, la réputation de justice, l'ascétisme, les pratiques mystiques, la folie et même l'imbécillité peuvent conduire à la dignité de marabout. Une fois acquise, cette qualité est héréditaire[1] : elle assure du reste à son possesseur tellement de privilèges qu'il est rare que ses descendants la laissent se perdre. Il y a cependant des exemples de ce fait[2] et ils sont beaucoup plus fréquents qu'on n'a coutume de le dire. Noblesse oblige, et si les fils d'un marabout négligent d'exercer l'influence qu'ils tiennent de leur ancêtre, les traditions qui leur attribuent la *baraka* finissent par s'effacer, à moins qu'un descendant mieux doué ne sache rappeler à lui les fidèles[3].

Parmi les marabouts de naissance, il faut naturellement placer au premier rang les chérifs, les descendants du Prophète ou soi-disant tels. C'est en ce sens qu'on dit par exemple : « Les Oulâd Sîdî Ah'med el-Kebîr sont marabouts. » C'est à cause de cela que nombre d'endroits habités par des chérifs sont appelés *El-Mrâbt'in,* « Les Marabouts ». En Kabylie ces marabouts sont arrivés à former une véritable caste qui vit au milieu des Kabyles sans se mélanger avec eux : les femmes ne transmettent pas la qualité de marabout ; les marabouts kabyles se marient généralement entre eux, mais il n'est pas rare de voir un chérif épouser une Kabyle[4] ; plus rarement une chérifa épouse un Kabyle ; les marabouts restent neutres dans tous les conflits ; jadis, ils n'étaient pas tenus de prendre les armes ; ils étaient exempts d'impôts et de corvées ; ils sont consultés dans toutes les circonstances difficiles ; on les choisit comme arbitres ; ils ont enfin le mono-

1) Cf. Hanoteau et Letourneux, *Kabylie*, II, p. 83 ; Rinn, *Marabouts et Khouan*, p. 15 ; Lapie, *Civilisations tunisiennes*, p. 246.

2) Hanoteau et Letourneux, *op. laud.*, II, p. 93.

3) Hugonnet, *Souvenirs d'un chef de bureau arabe*, 1 vol., Paris, 1858 ; p. 46. Livre bien documenté : l'auteur a vécu parmi les indigènes et a été appelé à les administrer pendant de longues années.

4) Les mêmes usages avec la même restriction sont suivis par tous les Chorfa d'Algérie. Cf., p. ex., de La Mart. et Lac., *Documents*, II, p. 324-345.,

pole de l'instruction religieuse[1]. Il va sans dire qu'ils sont toujours et partout respectés : la suprême injure qui consiste à insulter la famille d'un Arabe en lui criant quelque phrase comme : *in'al* (pour *il'an*) *ouâldik* (que Dieu maudisse tes parents), ou encore *Allâh ih'arrak' boûk* (que Dieu fasse brûler ton père dans l'enfer), ne peut être adressée à un chérif : ce serait en effet insulter la famille du Prophète et le Prophète lui-même[2]. Au Maroc en particulier, les chérifs constituent l'aristocratie privilégiée : Chorfa du Djebel 'Alem, de Ouezzân, du Tafilelt, ces grandes familles ont le pas sur tous les autres partis[3]. Ce sont des chérifs ou soi-disant tels et spécialement des chérifs marocains qui, se faisant passer pour le Mahdî, ont, sous le masque du « Maître de l'Heure »[4], soulevé tour à tour contre nous les populations de l'Algérie pendant plus d'un demi-siècle. Des traditions persistantes dans le Maghrib représentent en effet l'*imâm el-mahdî*, le personnage qui doit clore le drame du monde suivant l'eschatologie musulmane, comme devant apparaître au Maroc et particulièrement dans le Sous[5]. C'est vers l'Occident plutôt que vers l'Orient que les Maghribins ont toujours tourné leur regard[6] et il est à remarquer que 'Obéid Allâh lui-même, le fameux mahdî qui fonda la dynastie fatimide, bien que venu de l'Orient, se révéla à Sidjilmâsa (Tafilelt).

A défaut de la naissance, le savoir, les bonnes actions, la

1) Hanoteau et Letourneux, *Kabylie*, II, p. 84-85.

2) Cf. Cat, *L'islamisme et les confréries religieuses au Maroc*, in *Rev. des D. M.*, t. CXLIX, n° du 15 septembre 1898, p. 380-381. Ce remarquable article est une synthèse lumineuse de nos connaissances sur la question religieuse au Maroc.

3) Le Châtelier, *L'Islam dans l'Afrique occidentale*, 1 vol., Paris, 1899, p. 16. — Les idées de M. Le Châtelier sur la religion musulmane ont été acquises au prix de longues études et de nombreux voyages tant en Orient qu'au Maroc et au Soudan, sans parler de l'expérience qu'a donnée à l'auteur une pratique prolongée des affaires algériennes.

4) Tout le monde connaît le roman d'Hugues Le Roux qui porte ce titre.

5) Cf. Moh'ammed Boû Râs, *Voyages extraordinaires et nouvelles agréables*, trad. Arnaud, in *Rev. afr.*, XVIIe ann., 1883, p. 85.

6) Cf. *contrà* Gab[l] Hanotaux, *L'Islâm*, in *Le Journal* du mercredi 21 mars 1900. Ar-

charité, la droiture du caractère, peuvent conférer à celui qui les possède le titre de marabout, mais seulement, dans ce cas, après sa mort. Car pendant la vie n'est marabout que celui qui, descendant du Prophète, détient par son intermédiaire une parcelle de *baraka*, ou celui qui par des signes extérieurs non équivoques, se révèle comme particulièrement favorisé de la grâce divine : au nombre de ces signes extérieurs sont la folie, l'extase, le don des miracles.

Les fous, en effet, les idiots, et ceux qui se donnent volontairement des allures d'aliénés, car il y a lieu de croire les simulateurs nombreux, sont, ici comme en maint autre pays, entourés de la vénération populaire. C'est une des voies de la sainteté. « Les musulmans croient que la pensée de Dieu habite ces cerveaux laissés vides par la pensée humaine[1]. » Vêtus de haillons, ces *bahloûl*, ces *boû hâli* errent par les rues de toute agglomération indigène, nourris par la charité publique. « L'indigène le plus influent (dans les Benî 'Aroûs du nord marocain) est un nommé Sîdî l-H'asan de Thar'ezert[2] qui doit à une folie, peut-être réelle, plutôt simulée, une grande réputation comme devin, prophète. Sa maison, par son fils 'Abdesselâm, est devenue un véritable but de pèlerinage, où les Djebâla se rendent en foule. On considère les moindres de ses paroles comme un oracle et, à en croire quelques racontars, la tranquillité des Djebâla sur le passage du sultan, en 1889, serait due en partie à ce qu'un jour, avant la nouvelle de l'arrivée de celui-ci, Sîdî 'Abdesselâm s'était fait couper les cheveux, témoignage de soumission qu'on a reporté au sultan[3]. » On trouve dans le livre de M. Mouliéras la mention d'un Sîdî Moh'ammed el-Boû Hâlî, idiot vénéré qui obligeait les indigènes à manger un mélange de cheveux, de son, de kouskous, de miel, de terre : on se soumettait à

ticle remarquable, mais dans lequel son éminent auteur nous paraît beaucoup exagérer l'influence de l'Orient musulman sur le Maghrib.

1) Cat., *loc. cit.*, p. 381.

2) Est-ce le hameau de Tazroûts de Mouliéras, *Maroc inconnu*, II, p. 197 ?

3) De La Mart. et Lac., *Documents*, t. I, p. 371-372.

tous ces extravagants caprices. On lui avait donné une femme et aujourd'hui, à la *Zâouia Sîdî Moh'ammed el-Boû Hâlî,* son fils Sîdî 'Abderrah'mân, qui a hérité de sa *baraka*, mais non de son imbécillité, reçoit dévotement les offrandes que lui apportent les fidèles[1]. De là vient que de nombreux villages de marabouts s'appellent communément *El-Behâlîl*[2] (pluriel de *bahloûl*), et en Kabylie *Ibahalal*[3]. Un bel exemple de *bahloûl,* de *medjdzoûb*, car ces deux mots sont en fait presque synonymes, est le derviche Ben Noûnoû, de Ouargla, dont Largeau a longuement tracé le portrait : nous y renvoyons le lecteur[4]. Au reste, répétons-le, il n'est pas de bourgade indigène qui n'ait son bahloûl, auquel on attribue toutes sortes de pouvoirs surnaturels. Et le jour même où nous avons réuni ces notes, nous avons vu dans les rues d'Oran un de ces illuminés qui boit du vin, s'enivre, mange du porc en plein jour et en public pendant le Ramadhân, sans que ses coreligionnaires, si susceptibles sur ce chapitre, y trouvent le moins du monde à redire. C'est qu'à ces sortes de fous, tout est licite, même les pires extravagances, et les agents indigènes de l'autorité n'osent pas intervenir, en pareil cas, pour réprimer les écarts d'un bahloûl. Nous nous souvenons d'avoir jadis, lorsque nous avions charge de l'administration des indigènes, été obligé de donner l'ordre à un cavalier de commune mixte d'arrêter un de ces fous sacrés qui faisait du scandale. Le cavalier ne se décida que difficilement à agir et, comme le fou résistait, déclara qu'il était vaincu et ne pouvait en venir à bout : il était persuadé en lui-même que notre bahloûl était doué d'une force surnaturelle et qu'il commettrait une grave

1) Mouliéras, *Maroc inconnu*, II, p. 295-297. La zâouia de Sîdî Moh'ammed el-Boû Hâlî est située dans les Benî Smîh' (Ghmâra).

2) Par exemple de Foucauld, *Reconnaissance*, p. 24, p. 37; Mouliéras, *Maroc inconnu*, II, p. 23. L'explication donnée de ce nom par de Foucauld nous paraît inexacte : le célèbre voyageur semble avoir été induit en erreur.

3) Hanoteau et Letourneux, *Kabylie*, II, p. 94.

4) V. Largeau, *Le pays de Rirha, Ouargla. Voyage à Rhadamès*; 1 vol. Paris, 1879; p. 197-206, avec le portrait du fou. Largeau est un voyageur exact et consciencieux : les faits qu'il a vus par lui-même sont rapportés avec précision.

impiété en portant la main sur cet élu de Dieu. En 1830, Drummond Hay, représentant de l'Angleterre à Tanger, reçut d'un forcené de ce genre un coup de feu : il allait demander réparation, quand le fou (moins fou peut-être qu'il ne le paraissait) entra chez lui en riant aux éclats et en lui apportant un panier de melons. Déjà en 1820 un autre bahloûl avait donné un coup de bâton à notre consul à Tanger, M. Sourdeau. Ce dernier ayant réclamé, le sultan Moulaye Soleïmân répondit, non sans ironie, au consul de ne pas faire trop attention à cet acte d'un fou et de mettre en pratique le précepte évangélique de l'oubli des injures[1] ! Depuis, cependant, des réparations éclantes ont pu être obtenues dans des cas analogues : mais on peut encore voir dans une relation récente comment l'ambassadeur d'Italie, allant présenter ses lettres de créance au sultan, fut insulté par un *medjdzoûb*[2]. Les historiens de l'Afrique du Nord nous montrent ces fous jouissant parfois d'une autorité extraordinaire et se permettant de tout dire aux sultans. « Que penses-tu de ce palais ? disait à un de ces bahloûl le sultan El-Mançoûr au moment où il donnait une fête magnifique — Quand il sera démoli, il fera un gros tas de terre », répondit l'autre[3]. Un type curieux à étudier à cet égard est le fameux Aboû r-Rouâïn qui vivait à Fez au XVIe siècle : il prophétisait les victoires ou les défaites des divers compétiteurs qui se disputaient l'empire, il proposait à Moh'ammed ech-Cheikh de lui rendre la ville de Fez, il prédisait la mort de tel ou tel grand personnage avec une audace qui n'eût été tolérée chez aucun autre que lui, et toutes ses prévisions naturellement se réalisaient[4]. Le peuple a toujours adoré ces bahloûl et les sultans ont dû maintes fois tolérer leurs extravagances pour ne pas encourir la colère de leurs sujets. Les habitants de Fez, voulant rentrer en grâce auprès

1) Godard, *Maroc*, I, p. 87.

2) De Amicis, *Le Maroc*, 1 vol., Paris, 1882 ; p. 150, 153.

3) *Nozhet el-H'ádî*, éd. Houdas, p. 193.

4) *Id.*, p. 40, 53, 54, 60, 61, 69; voir sa biographie dans le *Daw h'at en nâchir* d'Ibn 'Asker, Fez, 1309, p. 60-62.

de 'Abdallâh ben Ech-Cheikh, choisirent comme intercesseurs deux medjdzoûb qui, en fait de sainteté, en étaient arrivés au degré des *malâmita*[1], Sîdî Djelloûl ben el-H'âdjdj et Sîdî Mas'oûd ech-Cherrât'. Le sultan qui goûtait peu cette sainteté les traita de gâteux (الخرائين في ثيابهما). A la suite de cette insulte, ajoute l'auteur arabe, l'estomac de 'Abdallâh se renversa, en sorte qu'il rendait ses excréments par la bouche et il fut affligé de cette infirmité plusieurs jours, jusqu'au moment où il alla prier les deux saints de lui rendre leur estime[2]. La multitude est si attachée à ses bahloûl que leur disparition est généralement considérée comme une calamité : Ben Noûnoû, le derviche illuminé de Ouargla, s'étant éloigné de la cité, on alla à sa recherche et on le ramena en grande pompe[3]. — On devine aisément que l'état de bahloûl conférant de tels privilèges et donnant une semblable influence doit être fort couru. Il y a eu de ces simulateurs qui ne craignaient pas d'avouer leur imposture à des Européens avec lesquels ils s'étaient liés. Chénier rapporte le cas d'un medjdzoûb qui partageait avec lui les offrandes qu'on lui apportait ; « et, dit-il je l'ai souvent plaisanté sur l'art et la sagesse qu'il mettait à faire le fou »[4]. Un autre de ces fous, dans les Benî Mh'ammed (Edough), avouait son mensonge à un voyageur français : « Si je dévoilais ta fourberie à tes coreligionnaires ? lui disait celui-ci. — Essaie ! ils ne te croiront pas », répondait le marabout[5]. Enfin le fameux derviche Moh'ammed ben Et'-T'ayyeb, qui a fourni à M. Mouliéras les principaux éléments de sa riche enquête sur la société marocaine, avoue implicitement qu'il passe sa vie à duper ses coreligionnaires.

1) وكانا على قدم الملامتية. Ce sont, d'après Dozy, « ceux qui allient la piété intérieure à la licence extérieure » (*Suppl.*, s. v.). Cf. Dschordschani, *Definitiones*, éd. Fluegel, 1 vol. Leipzig, 1865, p. ٢٨٦ et ٢٤٨. Les termes par lesquels on désigne chaque degré de la hiérarchie des çoûfîs varient du reste suivant les auteurs.

2) *Nozhet el-H'âdi*, p. 396 de la trad. et ٢٣٨ du texte.

3) Largeau, *op. laud.*, p. 204.

4) Chénier, *Rech. hist. sur les Maures et hist. de l'emp. du Maroc*, t. III, p. 151.

5) Béchade, *La chasse en Algérie*, p. 205-206.

Si, dans la rue, il a l'air d'un fou, avec sa tête de Christ émaciée, avec ses yeux hagards, avec ses mouvements incohérents, avec sa manie de parler et d'éclater de rire tout seul, si, disons-nous, il semble tellement bien être illuminé que les musulmans s'arrêtent tous sur son passage et que les femmes viennent toucher son burnous, cependant dans l'intimité des Européens auxquels la patience de M. Mouliéras a su l'habituer, c'est un homme extrêmement intelligent et qui en arrive assez facilement à rire de la facilité avec lequel on le prend pour un élu de Dieu[1].

A défaut d'une généalogie bien établie, à défaut d'une imbécillité réelle ou simulée, on peut devenir, par ses seuls efforts, un saint, un marabout, en faisant l'ermite. M. Goldziher a montré comment l'ascétisme a pris pied dans l'Islâm, contrairement aux anciennes sentences du Prophète[2]. Aujourd'hui, il a tellement bien droit de cité dans la religion musulmane, qu'il est devenu la voie normale qui mène à la sainteté. L'aspirant marabout se retire sous un olivier, dans une grotte, dans un gourbi abandonné. Là, dans la retraite et le silence, il se livre à la prière, il jeûne; il importe qu'il soit étranger, nul n'étant prophète en son pays, aussi bien chez les musulmans qu'ailleurs. Au bout d'un certain temps, le bruit se répand qu'un homme venu de loin, généralement du fond de l'Occident, un ermite, s'est installé dans la contrée. On subvient à ses besoins; il refuse tout superflu; on insiste près de lui, il consent à rester dans le pays. Un ou deux événements heureux se produisent-ils, on les attribue à la bénédiction attachée à sa présence; pour peu qu'il ait le jugement droit, il réussit à apaiser quelque conflit dans lequel on l'avait pris

1) Voir à la fin du t. II du *Maroc inconnu* le portrait de Moh'ammed ben Et-T'ayyeb; il importe toutefois d'observer que cette photographie a été faite au moment où, après une période de prospérité passée à Oran et pendant laquelle M. Mouliéras l'interrogeait, il avait notablement engraissé.

2) Goldziher, *De l'ascétisme aux premiers temps de l'Islam*, in *Rev. Hist. Rel.*, XIXe ann., t. XXXVII, 1898, n° 3, mai-juin, p. 314; et *Materialien zur Entwickelungsgeschichte des Sufismus*, in. *W. Z. K. M.*, t. XIII, 1899, p. 35-57.

pour arbitre. C'en est assez pour que la *vox populi* le sacre marabout. Sa réputation de sainteté s'affermit : il peut se permettre des goûts plus luxueux. On lui donne un terrain, une femme, on lui apporte des cadeaux en *zidra*, on lui sait gré de bénir le sol par sa présence. On est très fier de ces saints locaux et on aime à les opposer aux saints de la tribu voisine, comme en Angleterre deux villes mettent aux prises leurs boxeurs préférés[1]. — Il y a au Maroc des tribus, comme les Benî Ah'med es-Sourrâq ou le Djebel H'abîb, qui sont littéralement peuplées de ces santons[2].

La plupart sont de véritables saint Labre musulmans[3], mais les marabouts devenus célèbres ne laissent pas que de se donner tout le confort possible. Écoutons ce que dit le général de Wimpffen des marabouts de Kenatsa, qui passent pour être pauvres[4] : « Ces pieux personnages, confortablement vêtus, respirant généralement la santé, d'une physionomie souriante, de formes douces et agréables et montés sur de beaux mulets, à côté desquels courent à pied de vigoureux nègres du Soudan, rappellent assez nos moines du Moyen-Age[5]. » Et Palat, au Touât : « Sî l-H'âdjdj 'Abderrah'mân est un marabout marocain, bon vivant, le teint fleuri, la main toujours ouverte... pour recevoir. Les marabouts partagent avec les rats ce privilège d'être les seuls animaux gras de ce pays[6]. » La plupart des grands marabouts arrivent, du reste, facilement à un embonpoint qui témoigne qu'ils n'ont plus besoin pour fortifier leur influence de se livrer à l'ascétisme. Feu le chérif d'Ouazzân, 'Abdesselâm était d'un embonpoint

1) St. Bonsal, *Morocco as it is*, 1 vol., Londres, 1893 ; p. 186-189. — Livre de touriste intéressant.

2) Mouliéras, *Maroc inconnu*, II, 740, 766.

3) Voyez par exemple le portrait de Moûlaye Smâ'îl de Mogador, donné par Von Maltzan, *Drei Jahre in N.-W. Afrika*, IV, p. 157.

4) Cat, *Confréries religieuses du Maroc*, *loc. cit.*, p. 397.

5) De Wimpffen, *ap.* de La Mart. et Lac., *Documents*, II, p. 628.

6) Palat, *Journal de route*, 1 vol. Paris, 1886; p. 266. — Palat est le dernier voyageur qui ait vu le Touât avant la prise d'In-Çâlah'.

extraordinaire, mais son père Sîdî l-H'âdjdj el-'Arbî le surpassait encore à cet égard. « Il ne pouvait voyager que dans une litière d'extraordinaires dimensions, traînée par huit mules[1]. » Le célèbre chérif Boû Baghla qui souleva contre nous les Kabyles en 1854 était aussi d'un embonpoint considérable[2]; El-H'âdjdj Moh'ammed, qui se faisait passer pour Boû Ma'za (le fameux agitateur du Dhahra), était, dit-on, si corpulent qu'il fut impossible de trouver un cheval pour le porter[3]. C'est ici le lieu de rappeler la croyance curieuse suivant laquelle la chair des marabouts serait un poison; cette croyance, répandue aussi en Orient, a été enregistrée par les savants musulmans et commentée diversement par eux[4].

Il y a loin du pauvre ermite au marabout devenu puissant. Ce n'est plus l'humble santon, sans cesse en prières ou parcourant la tribu, couvert de la *khirqa* en lambeaux, pour porter la parole de Dieu; c'est le seigneur, craint et respecté de ses sujets qui lui payent tribut. « Le chapelet qui orne sa poitrine est une œuvre d'art, agrémentée de pierres précieuses, et, à travers la *cedriyya*, jadis inusitée, se dissimule mal la chaîne de montre en or massif[5]. » Tout en restant souvent aussi fanatiques que l'ascète solitaire, ils savent se mêler à nous pour les besoins de leur cause; on les rencontre dans nos salons, ils assistent aux bals officiels, ils s'attablent à la terrasse des cafés de nos boulevards parisiens et ne craignent pas toujours d'y consommer des apéritifs plus ou moins orthodoxes. Leur conduite dans ce milieu, troublant pour eux,

1) De La Martinière, *Journeys in the kingdom of Fez and to the court of Mulai Hassan*, 1 vol., Londres, 1889; p. 114. — Le livre de M. de La Martinière renferme nombre d'indications intéressantes; l'auteur a disposé de nombreux renseignements d'ordre administratif et diplomatique.

2) Robin, *Histoire du chérif Bou Bar'la*, in *Rev. afr.*, XXVIIIe ann., no 163, janv.-févr. 1884, p. 166. Relation précieuse : on y trouvera, à l'endroit indiqué, le signalement de Boû Baghla.

3) Id., *op. laud.*, *Rev. afr.*, XXVIIe ann., no 153, mai-juin 1883, p. 187.

4) Cf. René Basset, *Sanctuaires du Djebel Nefoûsa*, in *Journ. asiat.*, 9e sér., t. XIII, mai-juin 1899, p. 462; où l'on trouvera des références aux auteurs arabes; cf. El Kettânî, *Salouat el-anfâs*, 3 vol. Fez, 1316, I, p. 10.

5) Depont et Coppolani, *Confréries religieuses*, p. 245.

serait loin d'édifier leurs serviteurs. Quelques-uns, élevés dans nos établissements d'instruction, ont reçu une éducation européenne : ce n'était pas un spectacle banal que d'entendre les fils de Moûlaye 'Abdesselâm et de sa femme anglaise réciter la *fâtih'a* avec un accent londonien[1]. « La première fois, raconte Bonsal, que je vis Moûlaye 'Alî, l'aîné de ces saints anglo-maures, il venait de la région de Zemmoûr. La foule de ses serviteurs l'accompagnaient pieusement... Monté sur un cheval dont l'indolence l'irritait, il finit par perdre patience et s'écria : « Ha'ang it, ga on, ca'n't yer! ». Et la foule de ses admirateurs se pressait autour de l'animal récalcitrant, répétant de leur mieux : « Ha'ang it, ga on, ca'n't yer[2]? » En ce qui concerne l'absorption des liqueurs alcooliques européennes, Moûlaye 'Abdesselâm en abusait d'une façon extraordinaire. Chose étrange, ces habitudes peu musulmanes ne paraissent pas déconsidérer sensiblement les marabouts auprès de leurs fidèles[3]. L'auteur anglais que nous venons de citer raconte qu'un marabout marocain l'étonna par la facilité avec laquelle il ingurgitait une bouteille de « whisky » : il crut plaisant de faire remarquer ce travers aux serviteurs du marabout. « Il est vrai, lui répondit-on, qu'il boit de l'alcool; mais sa sainteté est telle qu'au contact de son gosier, le breuvage enivrant devient aussi inoffensif que du lait[4]. » C'est l'explication qu'on entend généralement, dans tout le Maghrib, lorsqu'on parle à un indigène de l'intempérance d'un marabout. Dans les tribus marocaines, les marabouts, qui n'ont pas à leur disposition les alcools européens, boivent la *mah'ya* ou eau-de-vie fabriquée tantôt avec des raisins secs, tantôt avec des figues, tantôt avec des dattes[5]. « On peut re-

1) St. Bonsal, *Morocco as it is*, p. 166 : « The young Shereefs, which lisp the fathâ (*sic*) with a cockney accent. »

2) St. Bonsal, *Morocco as it is*, p. 168. En anglais correct, il faudrait : « Hang it, go on, can't you. »

3) Béchade, *Chasse en Algérie*, p. 199.

4) St. Bonsal, *Morocco as it is*, p. 189.

5) De Foucauld, *Reconnaissance*, p. 397, n. 1.

connaître presque partout les marabouts au double usage du kîf[1] et de l'eau-de-vie, qui forme un de leurs caractères distinctifs[2]. » De tout temps au reste, les indigènes du Maghrib ont fabriqué et consommé des boissons fermentées, eau-de-vie et même vin de raisin[3]. Mais il faut avouer qu'aujourd'hui les marabouts algériens et tunisiens ont généralement le pas sur leurs collègues marocains, en ce qui concerne la sobriété.

Le chapitre de la continence pourrait aussi faire l'objet de remarques peu flatteuses pour la vertu des marabouts. Mahomet, d'ailleurs, on le sait, était hostile au célibat et cette doctrine a prévalu. Cependant l'Islâm a connu les vœux de virginité et même ces mutilations volontaires que s'infligèrent des saints comme Origène et que s'infligent encore aujourd'hui les *skoptzy* russes[4]. A notre époque encore la continence est recommandée dans l'enseignement des confréries mys-

1) Sur le kîf, voy. de Foucauld, au passage cité ici; Fischer, *Hieb- und Stichwaffen in Marokko*, in *Mitt. d. Sem. f. or. Spr.*, Jahrg. II, 2e Abth., 1899, p. 231, n. 1, où l'on trouvera de nombreuses références; Quedenfeldt, *Nahr.-, Reiz-und kosm. Mitt. b. d. Marok.* in *Verh. Berl. anthr. Ges.*, 19 mars 1887; et Delphin, *Recueil de textes pour l'arabe parlé*, 1 vol., Alger-Paris, 1891, p. 108, 110.

2) De Foucauld, *Reconnaissance*, p. 35.

3) C'est un fait banal dans l'histoire de l'Afrique du Nord que l'apparition d'un réformateur des mœurs qui se met à briser les instruments de musique et les jarres de vin. Les gouvernements indigènes percevaient une taxe sur les marchands de vin. Cf. *Chronique de Zerkachî*, trad. Fagnan, p. 190. Les historiens nous parlent chez les abâdhites d'une sorte de cabaret, dit *medjles el-khamar*, c'est-à-dire « salon à boire ». Voy. René Basset, *Sanctuaires du Djebel Nefousa*, in *Journ. asiat.*, IXe série, t. XIII, no 3, mai-juin 1899, p. 456. Le grand saint des Fechtâla, Moulaye Boû Chtâ, s'appelle de son surnom El-Khammâr, le marchand de vin (Mouliéras, *Maroc inconnu*, II, p. 91). Sur la fabrication et la consommation des liqueurs fermentées du raisin par les indigènes de l'Afrique du Nord, cf. Bertholon, *Explorat. anthrop. de l'île de Djerba*, in *L'Anthropologie*, sept. oct. 1897, no 5, p. 560; de La Mart. et Lac., *Documents*, pp. 325, 428, 438; Mouliéras, *Maroc inconnu*, I, p. 55; II, p. 475, 476, 608, 754.

4) Voir dans Sprenger, *Das Leben und die Lehre des Moh'ammed*, 3 vol. Berlin, 1861; I, p. 381, n. 2, la réponse que fit Mahomet à un émule d'Origène. Cf. Goldziher, *Muh. St.*, II, p. 334; *Influences chrétiennes dans la littérature religieuse de l'Islam*, in *Rev. Hist. Rel.*, 1e ann., t. XVIII; *De l'ascétisme aux premiers temps de l'Islâm* in *Rev. Hist. Rel.*, 19e ann., t. XXXVII, p. 316-307.

tiques[1], mais elle ne prévaut pas en somme dans l'Islâm. Les plus austères marabouts sont loin d'en avoir toujours donné l'exemple : un réformateur puritain comme le chef des Almoravides, 'Abdallâh ibn Yasîn, épousait chaque mois plusieurs femmes : « il n'entendait pas parler d'une jolie fille sans la demander aussitôt en mariage », dit un historien[2]. Sans remonter aussi loin, on pourrait citer des exemples analogues et nombreux dans l'Algérie actuelle. Une des personnalités religieuses les plus considérables des environs d'Oran est connue par la facilité avec laquelle elle accueille les visites des femmes et par le grand nombre de ses unions successives : le cheikh Boû Tlélîs est pourtant un vieillard, et son influence religieuse, un peu entamée par quelques petits scandales, se maintient néanmoins. Le célèbre chérif Boû Baghla, dont nous avons déjà parlé, faillit maintes fois compromettre son prestige par ses extravagances pour sa maîtresse H'alîma bent Mesa'oûd, une mulâtresse[3]. On pourrait multiplier ces exemples, mais il serait déplacé d'insister

1) Le célibat était imposé aux clercs (*'azzâba*) qui gouvernaient le Mzâb, quoique les doctrines abâdhites préconisent le mariage. Cf. Masqueray, *Chronique d'Abou Zakarid*, p. 254, n.

2) *Qart'âs*, trad. Beaumier, p. 184.

3) Robin, *Hist. du chér. Boû Baghla*, in *Rev. afr.*, XXVIIIe ann., n° 165, mai-juin 1884, p. 176-177. — Vers la fin sa carrière de révolte, Boû Baghla, qui sentait le besoin de regagner son prestige, entama des négociations pour épouser Lâlla Fât'ma la célèbre prophétesse kabyle, qui organisa en 1857 la résistance contre nos colonnes. Cette maraboute, qui était déjà d'un certain âge à cette époque et d'un embonpoint extraordinaire, avait jadis été mariée à un marabout des Beni Itouragh. Elle l'avait quitté vers 16 ou 18 ans pour se retirer chez ses frères ; mais son mari ne voulut jamais divorcer et, suivant la coutume kabyle, elle ne put se remarier. Cependant les négociations avec ce dernier étaient avancées et Boû Baghla comptait fortement sur le mariage, quand il fut tué le 25 décembre 1854. Cf. *Rev. afr.*, XXVIIe ann., n° 162, nov.-déc. 1883, p. 434-435. Déjà en 1849, un autre chérif, Moh'ammed el-H'achemî, qui se faisait, lui aussi, passer pour Boû Ma'za, avait fait à Lâlla Fât'ma des visites répétées : comme la maraboute était encore belle, ces assiduités avaient été très remarquées et avaient même donné lieu à des commentaires malveillants. Cf. Robin, *Histoire d'un chérif de la Grande Kabylie*, in *Rev. afr.*, XIVe ann., n° 82, juillet 1870, p. 353.

ici sur ce sujet. Nous ne pouvons cependant ne pas dire un mot, comme exemple de l'extraordinaire aveuglement où peut conduire le respect superstitieux des marabouts, des actes de libertinage qui, à maintes reprises, furent commis par des medjdzoûb en public. « On m'en a cité un, dit Pellissier de Reynaud, qui, à Tunis, accolait les femmes en pleine rue. Les parents les couvraient respectueusement de leurs burnous pendant l'accomplissement de cet acte édifiant[1]. » — « Il y en avait un à Tétouan, dit Chénier, qui, ayant un jour rencontré les femmes sortant du bain, après quelques mouvements convulsifs, s'empara d'une des plus jeunes et eut commerce avec elle au milieu de la rue; ses compagnes qui l'entouraient faisaient des cris de joie, et la félicitaient sur son bonheur; le mari lui-même en reçut des visites... »[2]. Haëdo dit que cette turpitude, et même pis, était fréquente à Alger, du temps de la domination turque[3]. De pareils faits ne se renouvellent plus certainement aujourd'hui dans les mêmes conditions; mais, dans les tribus, les musulmans ferment complaisamment les yeux sur mainte aventure analogue. Parfois, cependant, quelques-uns se fâchent, comme cet individu du Babor qui obligea ses deux filles à partager la couche d'un derviche réfugié dans une grotte, afin de les faire participer à la *baraka*. « On devine ce qu'il en advint : un beau jour le trop fervent croyant trouva sa descendance augmentée de deux enfants, fruit du commerce de ses filles avec l'homme de Dieu. Il n'eut d'autre ressource que de traduire le derviche devant nos tribunaux qui le condamnèrent à quelques mois de prison[4]. » C'est à

1) Pellissier de Reynaud, *Annales algériennes*, éd. de 1854, 3 vol., III, p. 489. — Pellissier est un historien exact et consciencieux. Le cas auquel il fait allusion est peut-être le même que celui qui est raconté avec plus de détails dans Béchade, *La chasse en Algérie*, p. 195, auquel nous renvoyons le lecteur, afin de ne pas abuser de ces citations.

2) Chénier, *op. laud.*, III, p. 152.

3) Haëdo, *Top. et Hist. d'Alger*, trad. Berbrugger et Monnereau, in *Rev. afr.*, XVe ann., n° 85, janv. 1871, p. 66 et 69. Cf. p. 64.

4) Depont et Coppolani, *Confréries religieuses*, p. 250-251.

des faits de ce genre qu'aboutit souvent l'incroyable tolérance avec laquelle les musulmans africains, si chatouilleux habituellement sur ce chapitre, laissent les marabouts fréquenter leurs femmes[1].

Le marabout fait toujours un grand honneur à la famille dans laquelle il prend une femme, si cette famille n'est pas maraboutique. Cela arrive souvent même en Kabylie, où les marabouts constituent une caste assez étroite : nous avons déjà dit que dans ce cas on refusait à la jeune épouse le nom de *lâlla* et on ne manque aucune occasion de lui faire sentir l'infériorité de sa naissance[2]. Les légendes hagiologiques nous montrent généralement les familles empressées à offrir leur fille au marabout étranger qui vient se fixer dans le pays[3]. Il est beaucoup plus rare de voir des marabouts prendre une chrétienne pour épouse légitime, mais nous en avons pourtant plusieurs célèbres exemples. Sîdî Ah'med et-Tidjânî, le grand chef de la zâouia de 'Aïn-Mâdhî, épousa jadis à Bordeaux Mlle Amélie Picard, à qui l'on doit la transformation de Kourdane, point autrefois désert, en une superbe habitation, entourée de plantations[4]. Moûlaye 'Abdesselâm, chef des T'ayyibiya et dont nous avons déjà parlé à plusieurs reprises, avait, nous le savons, épousé une institutrice anglaise[5]. Enfin tout récemment Sî Hamza, le jeune chef des Oulâd Sîdî Chîkh, a demandé et obtenu la main de Mlle Ferret, fille d'un commissaire de surveillance des chemins de fer[6]. Et il ne paraît pas que ces alliances, d'ailleurs parfaitement

1) Voyez-en une série d'exemples relatifs au derviche Moh'ammed ben Et'-T'ayyeb dans Mouliéras, *Maroc inconnu*, II, p. 48-49, 207-208, 297-298.

2) Hanoteau et Letourneux, *Kabylie*, II, 84.

3) Voy., p. ex., Trumelet, *Saints de l'Islam*, p. 29 ; *Algérie légendaire*, p. 185. Cpr. p. 201.

4) Gouvernement général de l'Algérie, *Cérémonie religieuse à la mosquée de la Pêcherie à Alger en l'honneur de Sid Ahmed Ettidjani, décédé le* 20 *avril* 1897, 1 pl. Alger, Fontana, 1897, p. 4.

5) Sur la *chérifa* d'Ouazzân, voy. de La Mart., *Morocco*, p. 117-118.

6) « Il n'y a pas eu moins de 13 femmes françaises dans les harems de Moûlaye 'Abdesselâm, Moulaye Moh'ammed et Moûlaye H'asan, dont la plupart ont donné

orthodoxes, aient porté le moins du monde atteinte au prestige de ces puissants personnages[1].

*
* *

Nous sommes ainsi amenés à envisager le rôle que joue la femme dans le maraboutisme du Maghrib : ce rôle est considérable. On a dit que l'Islâm était avant tout une « religion d'hommes » : ceux qui voudront être édifiés à cet égard liront les pages documentées que M. Goldziher a consacrées à la question dans ses *Muhammedanische Studien*. Il en résulte que, malgré quelques restrictions d'ordre purement théorique formulées par les théologiens, rien dans la condition sociale de la femme aux premiers âges du mahométisme ni dans la doctrine de l'ancien Islâm, ne l'empêchait d'aspirer, au même titre que l'homme, au rang de *oualiyya*[2]. Et de fait il y a eu des saintes en Orient depuis les temps les plus anciens jusqu'à nos jours. Les dictionnaires de biographies des personnages pieux, ouvrages qui forment une branche importante de la littérature musulmane, contiennent de nombreuses vies de saintes, dont les miracles ne le cèdent en rien à ceux

des enfants aux trois empereurs marocains... Une d'elles, nommée Fanchette, une très belle femme, avait été enlevée d'une ferme de la Mitidja par quelques cavaliers de 'Abdelqâder et offerte au sultan 'Abdarrah'mân. Elle donna à celui-ci deux fils qui furent élevés comme les autres princes. Arrivés à l'âge de trente ans cependant, le sang français reprit le dessus chez eux et leur impétuosité ayant donné ombrage aux autres membres de la famille royale, ils furent emprisonnés » (De La Mart., *Morocco*, p. 316-317). Il est curieux de rapprocher ce passage de celui où M. Aumerat raconte l'histoire de la famille Lanternier, dont les Arabes firent tous les membres prisonniers en 1836 à l'Oued Beni Messous, près d'Alger. Le père, emmené à Mascara, fut délivré, mais mourut peu de temps après. Mme et Mlle Lanternier furent envoyées au Maroc et le fils du sultan 'Abderrah'mân s'éprit de la jeune fille qui avait 18 ans. Elle se fit musulmane, l'épousa et devint princesse. Elle serait devenue puissante à la cour du Maroc sous le nom de « princesse Dagia » ?) (Aumerat, *Souvenirs algériens*, 1 vol. Blida, 1898 ; p. 309-313).

1) Sur les conditions du mariage d'une chrétienne ou d'une juive avec un musulman, voy. *Khelîl*, trad. Perron, II, p. 390. — La coutume kabyle est contraire ; cf. Hanoteau et Letourneux, *Kabylie*, II, p. 164.

2) Goldziher, *Muh. St.*, II, p. 295 seq., spéc. p. 299.

qu'on attribue à leurs collègues du sexe masculin : il y a même des ouvrages qui sont entièrement consacrés aux biographies des saintes[1]. Il y a eu en Orient des congrégations religieuses de femmes, des nonnes musulmanes. Il y avait des couvents de femmes en Égypte, il y en avait à La Mecque; et, dans le nord de l'Afrique, les géographes musulmans citent Monastîr, dont le nom est significatif, et qui était le rendez-vous des ascètes musulmanes[2]. C'est donc une erreur de répéter, comme on l'a souvent fait, que la femme ne joue aucun rôle dans l'Islâm oriental et que le culte des saintes est un caractère spécial de l'Islâm maghribin.

Mais si ce culte n'est pas spécial au Maghrib, on ne peut méconnaître qu'il y a pris une extension vraiment plus considérable qu'ailleurs, et on se l'explique facilement si l'on considère que, dans l'antiquité déjà, les Berbères, suivant un passage bien connu de Procope[3], avaient pour leurs prophétesses une vénération toute particulière. Des femmes comme la fameuse Kâhina[4], comme la légendaire Habtsa des Beni Yemloûl (Aurès)[5], comme Zîneb la Nefzaouienne, la femme de Yoûsef ben Tâchefîn[6], comme cette Chimci qui au xive siècle commandait aux populations du cœur de la Kabylie[7], semblent dans l'histoire du Maghrib au Moyen-Age continuer la tradition des prophétesses antiques[8]. Ces tradi-

1) Goldziher, *Muh. St.*, p. 300.

2) *Id.*, p. 301-302, avec une citation très intéressante d'El-Maqrizî.

3) Procope, éd. Dindorff, II, 8 (*Corp. script. hist. byz.*).

4) Voyez les références dans Fournel, *Les Berbères*, 2 vol., Paris, 1875, I, p. 215. — C'est le plus remarquable ouvrage d'ensemble qui existe sur l'histoire du Maghrib médiéval.

5) Masqueray, *Formation des cités chez les populations sédentaires de l'Algérie*, p. 170.

6) Ibn Khaldoûn, *Berbères*, trad. de Slane, II, p. 71, 72; *Qart'ds*, trad. Beaumier, p. 186.

7) Masqueray, *op. laud.*, p. 132.

8) Goldziher, *Almohadenbewegung*. *Z. D. M. G.*, XLI, 1887, p. 55. — Sur la tante et la sœur de H'amîm, voy. Ibn Khaldoûn, *Berbères*, édit. de Slane, II, p. 144; *Qart'ds*, trad. Beaumier, p. 135 et Mouliéras, *Maroc inconnu*, II, 345, où l'on trouvera les autres références.

tions ne pouvaient manquer de se perpétuer dans le culte des saintes, puisque l'Islâm favorisait le développement de ce culte : c'est ce qui est arrivé, et aujourd'hui innombrables sont les tombes de maraboutes auxquelles on va dévotement en pèlerinage, depuis les Syrtes jusqu'à l'océan Atlantique. Citons, à titre d'exemples, quelques-unes de ces saintes, en allant de l'est à l'ouest, et puis au sud.

Dans les communautés berbères abâdhites du Djebel Nefoûsa un grand nombre de femmes ont brillé par leur science et par leur piété[1] : le tombeau de beaucoup d'entre elles est encore aujourd'hui un lieu de pieux pèlerinages. On en trouvera une série d'exemples dans le mémoire de M. René Basset sur les sanctuaires du Djebel Nefoûsa[2]. L'une d'elles était une noire qui se convertit dès qu'elle entendit réciter le Coran[3]. — A quelque distance d'une des portes de Tunis, Bâb el-Fellâh', s'élève le tombeau de Lâlla 'Âïchat el-Mannoûbiyya, née à El-Mannoûba, à l'ouest de Tunis. « Célèbre par ses quatre-vingts miracles, elle a inspiré de nombreuses *medh'a* (panégyriques en vers) qui se chantent dans les réunions tenues à son sanctuaire »[4]. M. Sonneck, que nous venons de citer, a publié un de ces poèmes et il nous apprend qu'El-Mannoûbiyya est assez célèbre pour avoir été l'objet d'une biographie relatant ses *manâqib*[5].

Dans la Grande Kabylie, la plus haute cime du Djurdjura, le Lâlla Khadîdja, prend son nom de la sainte qui y est enterrée ; mais la plus célèbre maraboute kabyle de ce siècle est la fameuse Lâlla Fat'ma dont nous avons déjà parlé, et qui fut l'âme de la résistance des montagnards du Djurdjura en

1) De Calassanti-Motylinski, *Djebel Nefoûsa*, p. 91 et n. 1.

2) *Journ. asiat.*, IXe sér., t. XIII, mai-juin 1899, no 3, p. 423 seq. et t. XIV, juillet-août 1899, no 4, p. 88 seq.

3) *Id.*, t. XIII, p. 463.

4) Sonneck, *Six chansons arabes en dialecte maghrebin*, in *Journ. asiat.*, IXe sér., t. XII, mai-juin 1899, no 3, p. 471 et t. XIV, juillet-août 1898, no 4, p. 121. — Ce sont non seulement de précieux documents linguistiques mais aussi d'importants matériaux pour le folklore.

5) *Id.*, t. XIII, p. 489, n.

1857; elle était d'une famille maraboutique puissante et riches; ses oracles n'avaient jamais été démentis, disait-on, et du reste, elle avait prédit elle-même l'invasion des Français et sa captivité. « Malgré son embonpoint exagéré, dit un témoin oculaire qui la vit lorsqu'après la prise des villages des Illilten elle fut ramenée captive au camp français, ses traits sont beaux et expressifs. Le *kh'ol* étendu sous ses sourcils et ses cils agrandit ses grands yeux noirs. Elle a du carmin sur les joues, du *h'enna* sur les ongles, des tatouages bleuâtres, épars comme des mouches, sur son visage et ses bras; ses cheveux noirs, soigneusement nattés, s'échappent d'un foulard éclatant, noué à la façon des femmes créoles des Antilles; des voiles de gaze blanche entourent son col et le bas de son visage, remontant sous sa coiffure, comme les voiles de Rébecca d'Ivanhoë; ses mains fines et blanches sont chargées de bagues. Elle porte des bracelets, des épingles, des bijoux, plus qu'une idole antique[1]. » Telle était l'héroïne de la défense nationale kabyle : elle aussi reprenait la succession des femmes célèbres que nous avons citées plus haut. Elle n'est pas, dans l'histoire moderne de l'Algérie, la seule maraboute qui ait tenté de jouer un rôle analogue. En voici un autre exemple : la scène se passe en 1847, dans le cercle d'Aumale. « Depuis quelque temps, dit un rapport officiel, une femme des Oûlâd Sîdî Brahîm, nommée Fât'ma ben Sîdî t-Touâtî, après avoir assassiné son mari, qu'elle prétendait avoir été tué d'un coup de canon tiré du ciel, se disait maraboute et inspirée. Cette femme, jeune et d'une beauté remarquable, était suivie d'un cortège de jeunes gens bien montés, bien équipés, et sur lesquels elle paraissait exercer un grand empire... La maraboute se promenait sans but bien déterminé, recueillant les offrandes des fidèles et faisant quelques prédictions insignifiantes; mais son cortège deve-

1) Émile Carrey, *Récits de Kabylie*, p. 289. Lire, dans cette intéressante relation de la campagne de 1857, le récit de la prise des villages des Illilten et de Lâlla Fât'ma, pp. 267-291.

nait chaque jour plus nombreux et cette réunion de jeunes gens vigoureux et passionnés pouvait devenir un moyen d'action dangereux entre les mains d'un intrigant. Elle avait prédit à Moh'ammed Embârek (marabout du cercle d'Aumale) qu'il serait un jour sultan des musulmans et que ce jour ne tarderait pas à arriver[1]. » Elle disparut du reste, sans donner plus d'inquiétudes à l'autorité.

Au sommet du Djebel Boû Zegzâ, cette belle montagne au croupes accentuées que l'on aperçoit dans le fond de la baie d'Alger, s'élève le tombeau de Lâlla Tâmesguida, sainte également fort célèbre et à qui les femmes stériles viennent de loin demander la fécondité[2]. — Dans Alger même, il y eut jadis quelques tombeaux de maraboutes : nous avons mentionné déjà la mosquée de Settî Meryem qui se trouvait près de l'ancienne porte du ruisseau[3] ; nous pouvons y ajouter le sanctuaire de Lâlla Tasâdît, sainte kabyle, enterrée du côté de la porte Bab Azzoun, mais dont le tombeau a disparu depuis longtemps[4]. La voie ferrée d'Alger à Maison-Carrée a exigé la démolition d'une qoubba, dédiée à Sîdî Belâl et auprès de laquelle se trouvait une source consacrée par les nègres d'Alger à une certaine Lâlla Imma Haoua[5] ; là, avait lieu tous les ans, vers le commencement de mai, la fête des Fèves, *'aïd el foûl*, célébrée en grande pompe par les nègres. Lâlla Imma Haoua recouvre évidemment ici quelque ancien culte des sources. Sur la route de Bab el-Oued à Saint-Eugène, la Fontaine des Génies, au bord de la mer, appelée par les indigènes *Seb'a 'Aïoûn*, est encore, tous les mercredis matin, l'objet de sacrifices, sans qu'on ait placé là aucun

1) G. Bourjade, *Notes chronologiques pour servir à l'histoire de l'occupation française dans la région d'Aumale*, in *Rev. afr.*, XXXIIe ann., 3e trim. 1888, n° 190, p. 270-271. — Travail consciencieux qui met au jour d'assez nombreux documents officiels.

2) A. F. A. S., C. R. de la 10e sess., *Congrès d'Alger*, 1881, p. 1104-1105.

3) Cf. *supra*, p. 42 et 70.

4) Devoulx, *Édifices rel. de l'anc. Alger*, in *Rev. afr.*, XIIIe ann., n° 74, mars 1869, p. 131.

5) Trumelet, *Algérie légendaire*, p. 360.

sanctuaire maraboutique destiné à masquer le caractère païen de ces cérémonies[1]. Lâlla Imma H'alloûla n'est aussi que le génie du lac du même nom habillé en maraboute[2]. La connexion entre les sanctuaires maraboutiques et les sources ou les arbres est un fait banal dans l'Afrique du Nord. Et quand des indigènes racontent qu'auprès de la tombe de telle maraboute des Oûlâd Gâsem ('Aïn-Mlila), un olivier séculaire est apparu subitement, on peut bien être certain que c'est plutôt le contraire qui s'est passé et que le culte de la sainte a succédé tout doucement à celui de l'arbre[3].

Rien ne montre mieux combien le culte des saintes est enraciné chez les Berbères sédentaires que le grand nombre de maraboutes enterrées dans certains pays. « La montagne des Benî Çâlah' (près de Blida) est riche en saintes : outre la chapelle funéraire de Lâlla Imma Tifelleut, on y compte encore le gourbi-djâma' (mosquée) en dîs d'une sainte inconnue que dans l'ignorance de son nom les Benî Çâlah' désignent par celui de Lâlla Taourirt, la Dame du Monticule[4], la h'aouît'a de Lâlla Imma Mghîta, au milieu d'un cimetière, celle de Lâlla Imma Ouasa'a, sur la rive gauche de l'Oued el-Guet'rân, et le chêne-maqâm de Lâlla Imma Mîmen, sur la rive gauche de l'Ouâd Beni 'Azza[5]. » — Faut-il citer encore, dans le Tell algérien, Lâlla Settî, la sainte si vénérée de Tlemcen, dont nous avons déjà parlé[6] et Lâlla Marnia (Maghniyya) qui a donné son nom à la petite ville bien connue, près de la frontière marocaine, à 25 kilomètres d'Oudjda,

1) Ces sacrifices ont été maintes et maintes fois décrits. Voy. par ex., Piesse, *Algérie*, éd. de 1874, p. CIII.

2) Trumelet, *Alg. lég.*, p. 381 seq.

3) A. Robert, *Fanatisme et légendes locales*, in *Rev. alg.*, XIIIe ann., 2e sem., n° 14, p. 438-439. Cf. Lâlla Gobouch a (orthographe?) signalée par E. Reclus, *Géog. univ.*, t. XI, p. 737, d'après Arthur Leared, *Morocco and the Moors*.

4) Cet exemple est à joindre à ceux que nous avons cités p. 55 de ce travail.

5) Trumelet, *Saints de l'Islam*, p. 307. Voir dans les pages suivantes l'étonnante légende de Lâlla Imma Tifelleut.

6) Cf. Bargès, *Tlemcen, ancienne capitale du royaume de ce nom...*, 1 vol., Paris, 1859; p. 132. — Une des femmes de Sîdî Ah'med ben Yoûsef s'appelait Lâlla Settî. Voy. René Basset, *Dictons de Sîdî Ah'med ben Yoûsef*, p. 17.

toutes deux très vénérées? leurs qoubbas sont l'objet de maints pèlerinages et chaque année une grande *oua'da* est donnée en leur honneur. Lâlla Marnia est plus visitée encore que Lâlla Settî : sa légende, bien conservée, rapporte d'innombrables miracles. Elle avait la science, la beauté, la piété : sa descendance existe encore dans le pays[1]. — Au Maroc aussi les saintes sont en grand honneur ; deux au moins d'entre elles sont bien connues de tous les voyageurs qui ont été à Fez par El-'Araïch (Larache). Ce sont Lâlla Mennânat el-Meçbâh'iyya, la patronne d'El-'Araïch, dont le mausolée est situé dans les jardins qui sont au sud de cette dernière ville[2], et Lâlla Mîmoûna Taguenaout, dont le tombeau s'élève dans l'Ouâd Drader, sur la route de Fez[3].

Chez les populations sahariennes également, nous retrouvons le culte des maraboutes: Lâlla Çfiyya est la patronne vénérée du qçar de 'Aïn-Sfisifa et l'ancêtre des Oûlâd en-Nehar. C'est la tante du célèbre Sîdî Chîkh et sa descendance est restée non seulement dissidente, mais ennemie des Oûlâd Sîdî Chîkh proprement dits[4]. A Kenatsa, dans le Sahara orano-marocain, s'élève la coupole de Lâlla 'Âïcha bent Chîkh[5]. Au Touat enfin, les saintes ont également des sanctuaires : Lâlla Moora est enterrée à Tasfaout[6], Lalla Rabh'a dans l'Aouguerout[7].

M. Goldziher a donné, comme type général des légendes de maraboutes, celle de la célèbre Sitta Nefîsa, l'arrière petite-fille de H'asan et la bru de l'îmam Dja'far eç-Çâdiq[8]. Nous rapporterons ici une légende de sainte d'un genre un peu

1) L. Provençal, *ap.* Piesse, *Algérie*, éd. de 1874, p. 264.

2) Rohlfs, *Mein erster Aufenthalt in Marokko*, p. 367. L'orthographe du nom de la sainte nous est donnée par Mouliéras, *Maroc inconnu*, II, p. 546.

3) De La Martinière, *Morocco*, p. 408.

4) Voy. le deuxième tableau généalogique des Oûlâd Sîdî Chîkh, *in* de La Mart. et Lac., *Documents*, in fine. Cf. Rinn, *Marabouts et Khouân*, p. 352.

5) De La Mart. et Lac., *Documents*, II, p. 625.

6) De La Mart. et Lac., *Documents*, IV, p. 174, n.

7) De La Mart. et Lac., *Documents*, III, p. 281.

8) Goldziher, *Muh. Stud.*, II, p.303-304.

différent, mais très répandu dans le Maghrib : « L'excellente, la sublime, la parfaite, la sainte (*oualiyya*), l'extatique (*madjdzoûba*), l'objet de la faveur divine (*mouqarraba*), l'aimée de Dieu (*mah'boûba*), Oumm 'Abdallâh 'Aïcha bent Seyyidnâ Moh'ammed ben 'Abdallâh, fut l'élève de son frère Seyyidnâ Ah'med et devint illuminée de Dieu (فتح لها) en l'an 1066 H. (1655-1656 J.-C.). Elle fut la première des disciples de son frère qui reçut la divine faveur ; ravie violemment par une subite illumination en une extase prolongée, elle perdit connaissance. On dit qu'elle permit à son époux de se remarier, lui donnant à choisir entre ce parti et celui de vivre avec elle en supportant son nouvel état, et s'excusant de le mettre dans cette alternative. Elle déplaça toute sa fortune, la dépensa en œuvres pieuses et la partagea entre ses plus proches parents de père et de mère, jusqu'à qu'il n'en restât ni peu ni beaucoup. Son mari s'en plaignit à Sîdî Qâsem en disant : « Que faire ? elle est comme celui qui brûle et qui, voyant le feu s'attacher à ses vêtements, les rejette précipitamment loin de lui sans discernement. » Il voulait dire par là que le feu de l'amour divin détruisait les liens qui attachaient encore le cœur de son épouse à ce bas-monde, comme le feu réel brûle les vêtements qui sont sur le corps de celui qu'il atteint et l'oblige à lâcher tout ce qu'il a et à le jeter au loin sans discernement. Oumm 'Abdallâh aimait à s'isoler : lorsqu'elle se trouvait dans la société des autres femmes, Dieu la plongeait dans un tel hébétement qu'elle ne savait plus ce qu'elles disaient. Elle avait pour son frère une vive amitié et ne pouvait s'arracher à sa contemplation : quant à son mari Sîdî Moh'ammed 'Âcem el-Andalousî, il était d'abord incapable d'atteindre aux états extatiques où il la voyait et de supporter la réserve dans laquelle elle se tenait tant vis-à-vis de lui-même qu'à l'égard des plaisirs mondains ; mais un jour il fut soudainement ravi dans une extase au cours de laquelle il défaillit et tomba lui aussi sans connaissance. On l'emporta, sur l'ordre de Sîdî Ah'med et on le fit entrer chez sa femme qui se répandit en actions de grâce envers Dieu, en le remerciant d'avoir associé son mari à sa vie d'extases ; elle fut ainsi tranquillisée à son sujet. Elle mourut dans les douleurs de l'accouchement, sans avoir pu enfanter, au moment de la prière du vendredi 7 redjeb 1070 (20 mars 1660), et fut enterrée le même jour sous la qoubba de son père. Elle était née vers 1037 (1627-1623)[1]. »

On trouve dans ce récit, qui n'appartient du reste pas à proprement parler à la légende, car il ne rapporte que des faits comme l'on en voit encore se produire, le caractère ascétique qu'ont les maraboutes dans la littérature hagiologique du Maghrib. Ce paraît être aux yeux des hagiographes leur principal mérite : cependant la science ne leur est pas refusée[2], mais il semble que les savants, sans oser exprimer leur opinion ouvertement, voient les maraboutes d'un œil peu complaisant[3]. Dans les deux plus récents recueils biographiques consacrés aux saints marocains, le *Nachr el-matsânî* déjà cité et le *Kitâb eç-çafoua*[4], les vies de saintes sont infiniment moins nombreuses que celles des saints. Dans le *Boustân*[5], dictionnaire biographique des saints de Tlemcen, ville où cependant les tombeaux de saintes sont nombreux, on ne trouve la biographie d'aucune maraboute. Les lettrés auraient-ils instinctivement voulu réagir contre les traditions antiques et persistantes dont le cultes des saintes est le dernier écho ? On le dirait : ils n'appellent jamais les saintes *lâlla*, qui est l'appellation populaire. Très souvent, au lieu de la série habituelle des épithètes laudatives, ils se contentent de dire : « une femme

1) Moh'ammed ben et'-T'ayyeb el-Qâdirî, *Nachr el-matsânî fi a'iân el-qarn ets-tsânî*, Fez, 1310 H., I, p. 227.

2) Cf. Goldziher, *Muh. Stud.*, II, p. 302. — Voy. dans Mouliéras, *Maroc inconnu*, II, p. 741, la mention d'une femme de Fâs, El'-Alia bent Sî t'-T'ayyeb ben Kirân qui faisait un cours de logique dans la mosquée des Andalous.

3) Dans le grand pèlerinage des sept saints à Sîdî' Abdesselâm ben Mechîch, les femmes ne sont pas admises. Cf. Mouliéras, *op. laud.*, II, p. 171.

4) Moh'ammed eç-Çeghîr ben Moh'ammed ben 'Abdallâh el-Oufrânî, *Kitâb çafoua man intachar min akhbâr çolah'âi l-qarn el-h'âdi 'achar*, 1 vol., Fez.

5) Voy. *supra*, p. 56, n. 1.

pieuse, امراة صالحة ». La plupart du temps, leurs saintes sont des parentes de saints plus célèbres, par exemple 'Âïcha Oumm Ah'med, fille, femme, mère de pieux personnages [1], ou des *bahloulât* comme cette Âminat el-Bastioûniyya, ainsi appelée de la famille des Oulâd el-Bastioûn (mot évidemment d'origine européenne) [2], comme cette 'Âïchat el-'Adaouiyya, qui possède un sanctuaire à Miknâs (Méquinez) [3], comme cette Roqiyyat es-Seba'iyya qui, étant muette, prédisait l'avenir par signes [4]. Toujours leurs pratiques ascétiques sont leur plus grand titre de gloire ; c'était une ascète que la célèbre Mîmoûna bent 'Omar [5], que l'on invoque encore aujourd'hui ; une ascète aussi qu'El-H'âdjdjat el-Melouâniyya, fameuse par ses pèlerinages et les mortifications qu'elle s'imposait [6]. Quelques-unes sont mariées comme, par exemple, Roqiyya bent Sîdî Moh'ammed ben 'Abdallâh [7], une *oualiyya* épouse d'un *çâlih'*. Mais le plus souvent elles observent la continence dès que la faveur divine leur est accordée, comme dans l'histoire que nous avons donnée en exemple ; d'autres ne se marient jamais, comme cette Zohra bent el-Oualî Sîdî 'Abdallâh ben Mas'oûd el-Koûch, l'élève de son père et son émule en sainteté [8].

Les traditions orales sont souvent bien loin de nous rapporter les légendes des saintes de la même façon; mais il devient de plus en plus difficile, à notre époque, de les recueillir pures : il convient en tous cas de ne s'adresser qu'à des individus absolument illettrés. Les vieilles femmes indigènes, à cet égard, sont les informateurs les plus utiles. Elles gardent intactes d'anciennes traditions que les individus plus

1) *Nachr el-matsânî*, I, p. 188.
2) *Nachr el-matsânî*, II, p. 265.
3) *Kitâb eç-çafoua*, p. 163; *Nachr el-matsânî*, I, p. 234.
4) *Nachr el-matsânî*, II, p. 127.
5) *Kitâb eç-çafoua*, p. 75.
6) *Nachr el-matsânî*, II, p. 161.
7) *Nachr el-matsânî*, II, p. 23.
8) *Kitâb eç-çafoua*, p. 162.

instruits, désireux d'afficher une parfaite orthodoxie musulmane, cachent ou altèrent. La facilité des communications et la diffusion des lumières, conséquences de notre intervention civilisatrice dans les milieux indigènes, font petit à petit disparaître les dernières survivances de l'antique société berbère et la doctrine monotone d'un Islâm relativement pur nivelle peu à peu les différences locales et uniformise les croyances. Les traditions locales nous présentent cependant maintes fois les maraboutes comme ayant mené une vie qui s'accorde mal avec la vie ascétique : elles nous les montrent souvent se prostituant d'une façon régulière et continue. Nous ne voudrions pas rapprocher cela inconsidérément de la prostitution sacrée; mais il y a là néanmoins un point sur lequel il est indispensable d'insister. Un bon exemple de ces sortes de légendes est celle de Lâlla Tifelleut, déjà citée; après avoir mené la vie la plus érémitique, elle s'abandonna tout d'un coup à la fougue de ses passions : assise au bord de son gourbi, elle filait une quenouille nue sur une bobine qui, en apparence, restait toujours vide, en s'accompagnant d'un chant mystérieux. Sa beauté irrésistible fascinait tous les passants qui trouvaient la mort dans l'excès de ses redoutables amours[1]. Au Maroc, une maraboute dont le sanctuaire s'élève non loin de Safi, est connue pour s'être dévouée, pendant sa vie, au service des passants[2]. Sur la route de Méquinez à Fez se trouve le tombeau d'une Lâlla 'Âïcha qui est célèbre pour avoir aussi exercé l'hospitalité dans les mêmes conditions et que l'auteur d'après lequel nous la citons appelle une *frencgondish lady*[3]. On pourrait encore rappeler que la légende attribue la formation de la Touggourt moderne à une fille de joie nommée El-Bahdja (la joyeuse) qu'un saint marabout bénit et qu'un autre, venu de la Sâguiat-el-H'amra, ramena dans la voie de la sainteté[4]. La grande

1) Trumelet, *Saints de l'Islam*, p. 315 seq.
2) Chénier, *Maroc*, III, p. 152.
3) De La Martinière, *Morocco*, p. 361.
4) Féraud, *Les Ben Djellâb*, in *Rev. afr.*, XXIIIe ann., no 134, mars-avril 1879, p. 165.

tribu des Oûlâd Nâïl, tribu maraboutique descendant d'un saint fameux venu du Soûs à la fin du xvie siècle, est bien connue par l'habitude qu'ont ses jeunes filles de quitter, dès qu'elles sont pubères, leur foyer pour aller faire, dans les villes, commerce de leurs charmes et gagner le pécule qui leur permettra de se marier. Aujourd'hui les indigènes de cette tribu qui se sont frottés à notre civilisation renient volontiers cette coutume et prétendent que les jeunes Oûlâd Nâïl qui se prostituent appartiennent aux classes inférieures de la société : mais il est constant que cet usage était jadis à peu près général et qu'aujourd'hui encore, il n'entraîne aucun déshonneur pour celles qui le suivent. Les indigènes au reste, quels qu'ils soient, épousent sans aucune répugnance les femmes qui ont ainsi trafiqué de leurs personnes. Or les Oûlâd Nâïl sont maraboutes et fort sérieusement considérées comme telles par les indigènes[1]. — Dans les Oûlâd 'Abdi de l'Aurès, les femmes divorcent souvent et se livrent à la prostitution dans l'intervalle de leurs mariages : elles ne cessent pas, pendant ce temps, de demeurer dans leurs familles et leurs parents trouvent leur conduite fort naturelle. L'autorité administrative s'étant émue et ayant voulu réglementer cette prostitution, la population entière s'y opposa, prétextant que cette mesure nuirait à l'abondance des récoltes »[2]. Une véritable *baraka* semblerait donc ici être attachée à la prostitution.

1) Voir dans Trumelet, *Algérie légendaire*, la biographie de Sîdî Nâïl et surtout ses curieuses mésaventures conjugales. Un de ses enfants, Sîdî Mâlik, naquit de sa femme Chelih'a peu de temps avant son retour de La Mecque où il était resté deux ans et demi. Bien que les musulmans admettent, on le sait, la possibilité de gestations à très longs termes (voy. à ce sujet Abdallâh ben Caïd Amor, in *Union islamique* (Caire), 1897, n° 1, pp. 14-19), la filiation de Mâlik fut toujours l'objet de doutes injurieux. Aussi quand les individus des autres branches des Oûlâd Nâïl veulent insulter les descendants de ce fils de Sîdî Nâïl, ils les traitent dédaigneusement d'Oûlâd Mâlik. Cependant, chose curieuse, c'est surtout dans la descendance de ce dernier que s'est perpétué le don des miracles (Trumelet, *loc. cit.*).

2) Seddik (*alias* A. Robert), *Mœurs, habitudes, usages et coutumes arabes*, in *Rev. alg.*, XIIIe ann., 2e sem., n° 20, 18 nov. 1899, p. 628-629.

De même que les marabouts jouissent, en ce qui concerne la fréquentation des femmes, de privilèges refusés à tous les autres musulmans, de même les maraboutes se permettent, vis-à-vis des hommes des familiarités qui seraient de nature à déconsidérer toutes autres qu'elles[1]. Les femmes des Ghenânema sont célèbres à cet égard dans tout l'ouest de l'Algérie. Ces Ghenânema sont une grande tribu qui habite l'Ouâd Saoura et dont les mœurs paraissent bien curieuses[2]: un certain nombre se font passer pour des descendants de Sîdî Ah'med ben Yoûsef et il n'y a aucune raison de dénier tout fondement à cette prétention[3]. Quoi qu'il en soit, ils se comptent aux nombres des serviteurs religieux du saint de Miliâna : leurs femmes en particulier ont à ce célèbre marabout une dévotion particulière. Elles font le pèlerinage de Miliâna, s'arrêtant dans les villes où elles vivent de la charité publique. Nous avons pu, à Oran, guidé par M. Mouliéras, les voir entrer dans les cafés arabes, interpeller les hommes, plaisanter avec eux, les agacer de leurs coquetteries pour

1) Voy. dans Béchade, *Chasse en Algérie*, quelques pages sur la maraboute Zohra, p. 209 seq. Nous aimons à citer ce livre, parce que l'auteur est presque toujours témoin oculaire des faits qu'il rapporte.

2) Il y a aussi des Ghenânema dans la grande tribu de Lah'yâïna (De La Mart. et Lac., *Documents*, II, p. 700). — « Chose presque exceptionnelle chez des musulmans, il y a chez les Ghenânema une fraction qui passe pour impie : les gens qui la composent ne prient, dit-on, jamais, ne font point le carême et semblent absolument étrangers aux pratiques ordinaires de l'Islâm. Ce sont les Ataouna, appelés aussi Gourdane » (De La Mart. et Lac., *Documents*, II, p. 708).

3) L'informateur de M. Lacroix (*Documents*, p. 449, n.) les accuse en effet de se faire passer faussement pour descendants du saint. Cela n'a pas une grande importance à nos yeux, étant donné le peu de créance que nous accordons à ces généalogies. Toutefois, il y a lieu de retenir que l'indicateur pourrait avoir des motifs de haine contre les Ghenânema (cf. *id.*, p. 707, n. 3) qui sont du reste connus pour être d'incorrigibles voleurs. En ce cas les renseignements que nous avons reproduits dans la note précédente seraient suspects. — Nous avons déjà dit un mot (p. 13) de la dissémination des descendants de Sîdî Ah'med ben Yoûsef. Il y en a à Biskra, Aumale, Djelfa, Boghar, Relizane, Tlemcen, Saïda, Tiaret, Tioût, Tâza, Fez, Méquinez..... (*Documents*, II, p. 448, n. 2).

finalement leur soutirer quelque menue monnaie. Les maris n'y trouvent rien à redire, et l'on assure que la vertu de ces dames est au-dessus de tout soupçon : mais, si nous suivions notre impression personnelle, nous n'oserions être aussi affirmatifs, et nous inclinerions à les joindre, comme un nouvel exemple à ceux que nous venons de citer.

M. Mouliéras a récemment attiré l'attention sur les maraboutes qui circulent encore actuellement en Algérie, habillées en hommes[1], et il a décrit l'intéressante entrevue qu'il a eue avec l'une d'elles. Nous avons pu obtenir, de source officielle[2], des renseignements qui confirment entièrement ceux du professeur d'Oran. Dzehba, âgée d'environ 19 ans, fille de cultivateurs sans fortune et sans influence, se faisait distinguer dès l'âge de 14 ans : elle assistait à toutes les *oua'da* et s'y livrait à des danses remarquées. Puis elle se déclarait *derwicha*, perdait toute retenue et se mettait à parcourir la région; originaire des Sedjrâra (commune mixte de l'Hillil), elle habite actuellement Mascara, en compagnie de son moqaddem, Qaddour ould Moh'ammed, gaillard vigoureux d'environ 25 ans. Elle est presque toujours habillée en homme et son vêtement consiste en deux gandoûras, deux bernoûs, une châchia, un *qenboûch* (sorte de coiffure); elle marche nu-pieds. Elle se dit l'humble servante de Sîdî 'Abdelqâder el-Djîlânî[3]. Il est du reste assez fréquent de voir des femmes indigènes adopter le costume masculin. Un grand chef du Sud algérien promène chaque année sa fille, âgée d'environ quinze ans, dans les rues d'Alger et la laisse

1) Mouliéras, *Hagiologie mag'ribine*, in *Bull. Soc. Géog. Oran*, XXIIe ann., t. XIX, fasc. LXXX, avril-juin 1899, p. 375 seq.

2) C'est pour nous un devoir bien agréable que de remercier ici M. Chambige, administrateur chargé du service des Affaires indigènes à la Préfecture d'Oran, qui a mis à nous renseigner le plus aimable empressement et qui nous a maintes fois communiqué les précieuses observations que lui suggère sa pratique éclairée des Affaires indigènes.

3) Ces renseignements sont extraits de rapports de MM. Ximénès et Bonaffos de Latour, successivement administrateurs de la commune mixte de Mascara. — Pour plus de détail, voyez le travail de Mouliéras, *loc. cit.*

s'asseoir avec lui à la terrasse des cafés, revêtue d'un riche costume masculin. On nous a rapporté la même chose de la fille d'un fonctionnaire de la circonscription de Géryville. Il n'y a pas trace, dans ces deux cas, de maraboutisme : cependant ces jeunes filles, qui montent à cheval et font la fantasia, apprennent aussi à lire le Coran. Une maraboute, vêtue d'habits d'hommes, nous a été signalée à Tlemcen, mais sans autres indications précises. Une nommée Terkiyya bent 'Âmer, qui répond au surnom masculin de Ben T'rîq, monte à cheval, laboure, fait la fantasia et s'habille en homme[1]. Elle habite chez son frère au douâr El-'Aouâïd, tribu des Ma'âcem (commune mixte de 'Ammi-Moûsâ). Une autre femme de la même tribu habite le douâr Ma'aza et affecte les mêmes allures ; elle se nomme Khâdem bent Berrabah' et s'habille ordinairement de deux bernoûs, d'une 'abâïa et se ceint la tête du kheit'. Une troisième, dans les Oûlâd 'Ammâr (commune mixte de l'Ouarsenis), dénommée Daouïa, excelle dans tous les exercices physiques : elle vient, paraît-il, tous les ans, assister au *t'a'âm* de Sîdî Râbah' ('Ammî-Moûsâ), où elle serait la plus enragée à prendre part à la fantasia. Ces trois dernières femmes n'ont jamais été mariées et leur conduite ne donnerait lieu à aucune remarque défavorable. On affirme qu'elles n'ont aucun caractère maraboutique, mais les indigènes avouent si difficilement ces sortes de choses devant les personnes revêtues d'un caractère officiel qu'il nous semble prudent de ne pas se prononcer définitivement à ce sujet. Ajoutons enfin que dans les légendes de maraboutes, on trouve l'histoire de saintes qui s'habillaient en costume masculin, comme cette fameuse Lâlla 'Aouda bent Sîdî Mah'ammed ben 'Alî l-Bahloûl[2] qui joignait à une beauté resplendissante la plus

1) Ce renseignement et les suivants sur les femmes qui s'habillent en homme m'ont été fournis par M. Vauthier, administrateur-adjoint de la commune mixte de 'Ammî-Moûsâ, dont le zèle instruit égale la gracieuse obligeance.

2) Trumelet, *Algérie légendaire*, p. 249.

vaste érudition et qui revêtit le costume masculin pour mettre mieux sa vertu à l'abri [1].

*
* *

Nous avons déjà dit qu'en Kabylie, les marabouts formaient une caste privilégiée ; c'est la seule autorité que les Kabyles, avec leur caractère essentiellement démocratique, consentent à respecter. Encore la coutume ne leur donne-t-elle pas des droits effectifs et ils ne doivent leur ascendant qu'à la vénération dont on les entoure. Se mêlant peu avec le restant de la population, puisqu'ils se marient généralement entre eux, ils ne prennent pas part aux querelles des partis et cette neutralité leur permet de garder entièrement intact tout leur prestige religieux. Il est peu fréquent qu'ils deviennent des chefs politiques [2] ; toutefois ce qui fut rare en Kabylie est devenu ailleurs la règle. Nous avons déjà cité la théocratie si curieuse du Mzâb [3] : mais ce qui touche aux Abâdhites est tellement spécial que cela est peu comparable aux autres formes du maraboutisme dans l'Afrique du Nord. Les Oûlâd Sîdî Chîkh sont le plus bel exemple, et le plus connu, d'un maraboutisme ayant absorbé le pouvoir politique. On en trouverait au Maroc des exemples bien autrement typiques et intéressants. Nous ne faisons que citer ici les curieux États fondés par des marabouts, comme celui de Sîdî ben Dâoûd,

1) D'après Mouliéras, *Hag. mag.*, *loc. cit.*, p. 376, il y aurait aussi des marabouts qui s'habilleraient en femme. Rappelons que quelques marabouts portent les cheveux longs comme les femmes. Il en était ainsi, paraît-il, de Sîdî Tâdj, l'ancêtre du fameux Boû 'Amâma. Cf. De La Mart. et Lac., *Documents*, II, p. 320. — Enfin ce serait également à la fin de ce paragraphe qu'il y aurait lieu de rappeler que les confréries religieuses admettent les femmes parmi leurs affiliés ; Depont et Coppolani, *Confréries*, p. 215, donnent, pour la seule Algérie, le chiffre de 27.000 femmes affiliées.

2) Masqueray, *Formation des cités chez les populations sédentaires de l'Algérie*, p. 127-128.

3) Masqueray, *op. laud.*, p. 173 seq. On trouvera dans la bibliographie, p. XLIII seq., l'indication des autres sources de nos connaissances sur la société mozabite.

le seigneur du Tâdla [1], ou comme le petit royaume du Tazeroualt, sur lequel règne actuellement le descendant de Sîdî H'ammed ou Moûsâ [2] et qui figure sur les cartes sous le nom de « royaume de Sidi-Hécham ». L'étude du rôle politique des marabouts dans le nord de l'Afrique est connexe avec celle de l'organisation sociale de nos indigènes et sort entièrement du cadre restreint que nous nous sommes tracé. Bornons-nous à dire que, dans le Maghrib en général, les marabouts se trouvent vis-à-vis des populations qui les entourent dans la situation de ceux de la Kabylie, sauf qu'ils ne forment pas d'habitude une caste aussi fermée.

La considération qu'ils obtiennent est variable suivant les pays. Chez les Touâreg, tout en jouant dans la société un rôle considérable, ils n'ont cependant d'autre pouvoir que celui d'hommes à l'estime desquels on tient généralement. Les Touâreg sont en effet peu religieux [3]. Au Tidikelt, « les fractions maraboutiques subissent complètement l'ascendant politique des nomades... Elles accusent, plus que dans beaucoup d'autres régions, des allures pacifiques, acceptant sans murmurer, sans résister, tous les mauvais traitements, toutes les avanies. Elles sont arrivées ainsi à s'assurer par l'humilité de leur attitude, une indépendance basée sur le respect, mais

1) Cf. *supra*, t. XL, p. 361.

2) Voy. sur le Tazeroualt, Lentz, *Timbouctou*, trad. Lehautcourt, I, chap. XI, p. 341 seq. — Lentz est un observateur très consciencieux. Il est bien regrettable qu'il n'ait pas été mieux préparé au point de vue musulman, car il a la méthode scientifique. — Cf. encore sur le Tazeroualt, de Foucauld, *Reconnaissance*. C'est à tort que nous avons critiqué l'orthographe de Sîdî *H'ammed* ou Moûsa, dans le *Bull. Soc. Géog. Oran*, t. XIX, 22e ann., fasc. LXXX, avril-juin 1899, p. 334. H'ammed est ici pour Ah'med. Cf. Stumme, *Mærchen der Schluh von Tazerwalt*, 1 vol. Leipzig, 1895; p. 26, 38. — Sur les Oûlâd H'ammed ou Moussa, cf. Quedenfeldt in *Verhandl. anthr. Ges.*, 1889, p. 572 seq.

3) « A la différence des marabouts arabes qui attendent leurs clients à domicile, les marabouts des Touâreg, pour peu qu'ils veuillent exercer de l'influence sur leurs contribules, sont obligés, comme des missionnaires, de se rendre partout où leur intervention est nécessaire. Un marabout est souvent forcé d'être, pendant des mois, des années entières, absent de sa zâouia » (Duveyrier, *Touâreg du Nord*, p. 332-333). Cf. de Foucauld, *Reconnaissance*, p. 121.

aussi sur l'indifférence. C'est donc plutôt leur situation politique que leur situation sociale qui se trouve inférieure à celle des nomades. — Quelques-uns d'ailleurs, les Oûlâd el-H'âdjdj, par leur grande réputation de savoir, les Oûlâd Belqâsem, grâce à leurs richesses... occupent une position plus en vue... On ne pourrait, toutefois, les considérer comme formant une noblesse religieuse. Ce sont simplement des marabouts acceptés et révérés[1]. » Chez des tribus sahariennes peu dévotes, comme par exemple les Hamyân, les influences maraboutiques locales sont à peu près nulles[2].

Mais ce sont là des exceptions et, d'une façon générale, on peut dire que toutes les tribus de l'Afrique du Nord subissent l'influence d'un groupe maraboutique local qui est profondément vénéré. Et cette vénération est fort légitime, car, presque partout, les marabouts ont été pour les populations de véritables bienfaiteurs. Seuls, dans l'espèce d'anarchie où se débattaient les tribus algériennes et tunisiennes et où sont encore plongées les tribus du Maroc, seuls au milieu des guerres perpétuelles de canton à canton, au milieu du conflit permanent des intérêts qu'aucune autorité politique n'était de force à régler, seuls au milieu de l'ignorance générale et du débordement des passions, ils représentaient le savoir, la justice, la clémence; leur neutralité habituelle dans les querelles quotidiennes leur permettait de s'interposer; leur science leur donnait les moyens de dénouer les conflits d'intérêt; leur caractère sacré assurait le respect de leurs décisions[3]. Enfin ils faisaient pénétrer quelque instruction dans les têtes dures des Berbères : ils

1) Le Châtelier, *Insalah*, in *Bull. Corr. afr.*, 1885, fasc. V-VI, p. 430-431. — Remarquable travail d'information orale, qui a naturellement vieilli, mais conserve encore une grande valeur.

2) De La Mart. et Lac., *Documents*, II, p. 249. Voy. un autre exemple typique chez les Doui Belâl *in* de Foucauld, *Rec.*, *loc. cit.*

3) Cf. Masqueray, *Formation des cités*, etc., pp. 121, 170-71; et Le *Djebel Chechar*, in *Rev. afr.*, XXII, mars-avril 1878, n° 128, p. 134-135 et mai-juin, n° 129, p. 213; Trumelet, *Les Saints de l'Islam*, p. XLIX.

avaient, ils ont encore le monopole de l'enseignement musulman, et cet enseignement, si rudimentaire qu'il nous paraisse, est, pour ces populations, une grande source de progrès moraux [1]. Les zâouias étaient à la fois un temple où s'accomplissait le culte, un prétoire où se vidaient les différends, une école où l'on enseignait les rudiments des sciences coraniques, une hôtellerie où les pauvres, les voyageurs pouvaient se faire héberger sans que rien leur fût demandé [2], et un asile inviolable pour les opprimés [3].

Prendre le marabout comme arbitre est un usage universel chez les indigènes du Maghrib : les fonctions de marabout sont souvent, en ce cas, fort délicates, car une série de décisions maladroites ou blessant quelques familles puissantes pourrait nuire singulièrement au prestige du saint. Aussi celui-ci, avant de rendre sa sentence, épuise-t-il tous les moyens de conciliation : lorsqu'il a décidé, du reste, tout le monde s'incline. Si le perdant murmure, le marabout fait semblant de ne pas entendre [4]. Les services ainsi rendus par les marabouts sont incalculables et ont laissé dans les légendes de

1) L'enseignement musulman dans l'Afrique du Nord mériterait un mémoire spécial. Des matériaux se trouvent dans les ouvrages de MM. Delphin et Mouliéras. Ce dernier va du reste étudier spécialement la question à Fez même. Cf. le travail bien connu de M. Ribera sur l'enseignement musulman d'Espagne. — ولد ولدك شيخا لا تولده فندورا, disent les Marocains, c'est-à-dire : « Fais faire l'éducation de ton fils par un chîkh et non par un sot » (Lüderitz, *Sprüchworter aus Marokko*, in *Mitth. d. Sem. f. or. Spr.*, Jahrgang II, 2e Abth., p. 29, LIX) ou encore : من لا شيخ له شيخه الشيطان, « Qui n'a pas chîkh a pour chîkh Satan » (Mouliéras, *Maroc inconnu*, III, 745).

2) Sur l'hospitalité des zâouia, cf. Moh'ammed ben Rah'al, ***A travers les Beni Snassen***, in ***Bull. Soc. Géog. et Arch. Oran***, XII° ann., t. IX, fas. XL, janv.-mars 1889, p. 40; De Foucauld, *Reconnaissance*, p. 157; Hanoteau et Letourneux, *Kabylie*, II, 86; Berbrugger, *De l'hospitalité chez les Arabes*, in *Rev. afr.*, XIII° ann., n° 74, mars 1869, p. 145-150; Depont et Coppolani, *Confréries musulmanes*, p. 227-228; Mouliéras, *Maroc inconnu*, II, 457; etc.

3) Cf. Goldziher, *Muh. Stud.*, II, 314; Thomson, *Travels in the Atlas and southern Morocco, a narrative of exploration*, 1 vol., Londres, 1889, p. 107; Harris, *Tafilet*, p. 43; Erckman, *Maroc moderne*, p. 98; de La Martinière *Morocco*, p. 129, etc.

4) Cf. Hanoteau et Letourneux, *Kabylie*, III, p. 11.

nombreuses traces. Sîdî 'Ammâr, pour ne citer qu'une seule de ces légendes, était l'ancêtre des Kherfân, dans les Oûlâd Attia, près de Collo : on rapporte qu'à la suite du vol d'un agneau, le voleur, et le volé, celui-là niant, comparurent devant lui. Sî 'Ammâr, se levant, passa la main sur la tête da l'accusé qui se mit aussitôt à bêler comme un agneau et avoue son vol en disant : « Es-tu donc le marabout des agneaux? » (*kherfân*, agneaux). Le nom, dit-on, en resta à la fraction [1]. Dans les circonscription algériennes où se trouve un cadi, le marabout fait parfois concurrence à celui-ci. Les indigènes aiment mieux souvent porter leurs litiges devant le marabout que devant le représentant de la justice : il est arrivé parfois que celui-ci, piqué au vif, a réclamé. C'est ainsi que le conflit se présenta il y a quelques années entre le marabout Boû Tlélîs des environs d'Oran et le cadi de 'Aïn-Témouchent : les indigènes, trouvant la justice du premier moins coûteuse et plus prompte, délaissaient le chemin du prétoire pour prendre celui de la zâouia [2]. Ce ne sont pas les indigènes seuls à qui les marabouts rendent des services en qualité d'arbitres : il est arrivé plus d'une fois qu'un colon en conflit avec un fellâh indigène n'a eu qu'à se louer de s'en être remis à leur décision. Boû Tlélîs a souvent ainsi contribué à apaiser des différends entre Français et musulmans. Boû Sîf, le marabout de Beni-Saf que nous avons déjà cité, rend la justice aux indigènes et aux Européens [3]. Le vieux Ben Tekkoûk, qui fonda au milieu de ce siècle une zâouia bien connue, dans la circonscription actuelle de la commune mixte de l'Hillil, et qui parvint, dit-on, à l'âge de 101 ans, avait acquis sur ses vieux jours une influence considérable, qui s'étendait dans une grande partie du département d'Oran et même dans celui d'Alger [4]. « Non seulement

1) Féraud, *Notes pour servir à l'histoire de Philippeville*, in *Rev. afr.* XIXe ann., mars-avril 1885, n° 110, p. 101.

2) Renseignements de source administrative.

3) Mouliéras, *Maroc inconnu*, II, p. 133.

4) Renseignements de source administrative.

les populations musulmanes, mais encore les colons d'Aboukir, Aïn-Tédelès, Bellevue, Blâd-Touâria, 'Aïn-Sîdî-Chérif, Sirat, Bouguirat avaient fréquemment recours à l'intervention du chîkh, dans leurs différends avec les indigènes ou pour rentrer en possession d'objets ou de bestiaux volés [1]. »

C'est le plus fréquemment du reste pour cette dernière raison que les colons s'adressent aux marabouts : ceux-ci sont en effet souvent des *bechchâr* émérites ; mais il faut bien dire que, trop souvent, ils sont d'accord avec le voleur et que leurs services, à cet égard, sont loin d'être désintéressés. Il est vrai qu'en pays musulman, la *bechâra* a pu longtemps être considérée comme une institution utile, tant l'insécurité était grande ; il en est encore ainsi au Maroc et il faut malheureusement avouer que, même en Algérie, le colon français trouve mainte fois la bechâra plus prompte, plus efficace et moins dangereuse que le code d'instruction criminelle que les juges de paix et les administrateurs ont mission d'appliquer ; et ils préfèrent bien souvent rentrer de suite en possession du bétail qu'on leur a volé, en perdant dessus quelque argent, que de mettre en branle notre lourde machine judiciaire en faisant commencer une information dont les résultats sont toujours problématiques[2]. Tous ceux qui ont fait de la police judiciaire chez les indigènes, savent que la plupart des marabouts font le métier de bechchâr : quelques-uns, il faut bien le dire, font pis encore et joignent à ce métier celui de recéleur des objets ou des bestiaux volés. On a vu des zâouias, dont la principale industrie était le recel et la bechâra[3], et il y en a encore malheureusement qui sont dans le même cas aujourd'hui. Du métier de *kemmân* ou recéleur à celui

1) Sur Ben Tekkoûk et sa zâouia, voy. les intéressants renseignements donnés par Depont et Coppolani, *Confréries musulmanes*, p. 565 seq.

2) Sur la *bechâra*, voy. un exellent article de Mercier, in *Union Islamique*, Caire, 1897, n° 1, p. 7. Cf. Mouliéras, *Maroc inconnu*, II, p. 363.

3) Pour ne citer qu'un seul exemple, les zâouia de Ben-Baghrich et de Sîdî-Drîs dans les montagnes de Sîdî-Drîs entre Constantine et la mer. Cf. Féraud, *Notes pour servir à l'histoire de Philippeville*, in *Rev. afr.*, XIXe ann., n° 110, mars-avril 1875, p. 103-104.

de voleur il n'y a pas très loin : et, comme le Moyen-Age a vu ses moines brigands, l'Afrique du Nord a eu et a encore (au Maroc) ses marabouts voleurs. Sîdî 'Obéid, des Nememcha (Tébessa), pour en citer un, était un grand coupeur de routes[1]. Sîdî l-Mekkânî l-Ouazzâni, chérif, allié à la maison d'Ouazzân, chef d'une zâouia dans la tribu des Fennâsâ (Djebâla du Maroc) est un voleur de grand chemin[2]. Moûlaye 'Alî Châqoûr, un des plus grands saints d'Ech-Chaoun, encore vivant à l'heure actuelle, est un ancien chef de brigands[3]. La tribu des Beni Ah'med es-Sourrâq (les voleurs fils d'Ah'med) est une de celles où l'instruction religieuse est le plus répandue et une des plus peuplées de marabouts[4] : cependant elle mérite bien son nom et c'est une tribu de voleurs qui ne se font aucun scrupule de rançonner les pèlerins[5]. Hâtons-nous de dire toutefois que ces derniers exemples constituent des exceptions et que maints et maints marabouts ont au contraire contribué à purger de voleurs la contrée qu'ils favorisaient de leur baraka[6] : le plus célèbre à cet égard est le chîkh Moûlaye Boû Ziyân, fondateur de la zâouia de Kenadsa[7] (Oued Guir, extrême Sud orano-marocain). Toute sa vie, il employa ses pouvoirs surnaturels à châtier les bandits qui, alors comme aujourd'hui, pullulaient dans le Sahara. « Un jour, pendant que le saint était dans la mosquée à prier, des voleurs osèrent s'emparer de ses troupeaux provenant des

1) Cf. Féraud, *Notes sur Tébessa*, in *Rev. afr.*, XVIIIe ann., n° 108, nov.-déc. 1874, p. 466-467.

2) Mouliéras, *Maroc inconnu*, II, p. 379 seq.

3) Id., II, p. 133.

4) Cf. *supra*, p. 8.

5) Mouliéras, *Maroc inconnu*, II, p. 765.

6) Ils n'y réussissent pas toujours et ne sont pas toujours eux-mêmes à l'abri du pillage. Voy. par exemple sur l'insécurité d'Ouazzân, de La Martinière, *Morocco*, p. 128-131 ; de La Mart. et Lac., *Documents*, I, p. 375, 408, 438 ; Mouliéras, *op. laud.*, II, p. 469. — Voy. un cas analogue (nomades pillant leurs voisins marabouts) *in* de La Mart. et Lac., *op. laud.*, II, p. 388.

7) Sur les marabouts de Kenadsa et les Ziâniya, voy. Rinn, *Marabouts et Khouân*, p. 408 seq. ; de La Mart. et Lac., *op. laud.*, II, p. 621 seq., Depont et Coppolani, *Confréries*, p. 497 seq.

offrandes des fidèles. Mais Dieu se chargea de les châtier. El-Khadhir, sous la forme et les traits de Moûlaye Boû Ziyân qui priait toujours dans la mosquée, se présenta tout à coup aux voleurs et les mit en joue avec son bâton. Aussitôt, ceux-ci tombèrent morts. Les bergers qui les avaient suivis en se cachant furent témoins du miracle et ramenèrent les troupeaux au chîkh qui n'avait pas bougé de la mosquée où, ses prières terminées, il s'était mis à instruire ses disciples[1]. » Depuis lors, on n'ose plus toucher aux troupeaux et aux caravanes placés sous la protection des marabouts de Kenadsa ; et le qçar lui-même, protégé par la mémoire de leur ancêtre, n'a, contrairement à ce qui se passe habituellement en Sahara, ni porte ni enceinte défensive[2].

Aussi le plus clair revenu des marabouts de Kenadsa est-il la redevance que leur payent les caravanes pour avoir leur protection et voyager en sécurité : ils ont fondé un ordre religieux, les Ziâniya, dont les membres ont la spécialité de conduire les caravanes. Ces Ziâniya étaient jadis très nombreux : « Un représentant de la secte, dit le général de Wimpfen, moyennant un certain droit, marchait, pour la préserver de toute aggression, à la tête de chaque caravane qui mettait en relation l'ouest algérien avec l'intérieur de l'Afrique[3]. » La cessation du trafic des esclaves a beaucoup fait baisser les bénéfices des Ziâniya, mais ils continuent à vivre de leur rôle de protecteurs. — Au Maroc encore, de nos jours, on ne peut passer d'une tribu à l'autre sans un *zet't'ât'* : on appelle ainsi un individu ayant assez d'influence pour faire respecter ceux qu'il accompagne et qui, moyennant une rétribution, vous protège et vous fait parvenir dans la tribu voisine : là, vous prenez un autre zet't'ât' pour continuer votre voyage et ainsi de suite[4]. La zet'ât'a rapporte d'assez beaux bénéfices

1) Rinn, *op. laud.*, p. 409-410.
2) De Wimpffen, *ap.* de La Mart. et Lac., *Documents*, p. 622.
3) De Wimpffen, *loc. cit.*, p. 627, n.
4) De Foucauld, *Reconnaissance*, p. 7, n. Cf. p. 130 seq. ; Mouliéras, *Maroc inconnu*, 78.

à nombre de marabouts qui, étant donnée la vénération dont on les entoure, sont dans les meilleures conditions pour assurer la sécurité des voyageurs[1]. Elle est devenue ainsi, au Maroc, une véritable institution, sans laquelle on ne pourrait voyager et les marabouts qui l'exercent, tout en augmentant leurs revenus, rendent d'inappréciables services. Elle est du reste fort ancienne : « Si un particulier a besoin de passer d'un lieu dans un autre, dit Léon l'Africain, il faut qu'il prenne l'escorte de quelque religieux, ou d'une femme de la tribu adverse (c'est-à-dire de la tribu voisine, généralement ennemie, qu'il va traverser)[2].

Les marabouts ne se contentent pas d'escorter les caravanes et de faciliter ainsi les transactions : eux-mêmes ont souvent de gros intérêts commerciaux. Il en est ainsi des Ziâniya dont nous venons de parler. Une fraction maraboutique voisine des Benî Guîl (extrême Sud orano-marocain), les Oûlâd Sîdî Mh'ammed ben Ah'med « ont une réputation justifiée de commerçants émérites[3]. » Ils viennent jusque sur le marché de Lâlla Marnia. Les sanctuaires dédiés à des marabouts ont souvent servi d'entrepôts. On sait que ces lieux saints sont tellement vénérés qu'il est excessivement rare qu'un vol y soit commis, bien que la plupart soient sans gardiens, ouverts à tout venant, et contiennent des objets de nature à tenter la cupidité des indigènes, tels qu'étoffes, instruments de musique, bougies, ustensiles de cuisine, voire même provisions. Le marabout de Sidi-Khâled, près de Dellys, servit longtemps ainsi d'entrepôt : les Dellysiens y venaient en bateau (car il est situé au bord de la mer) apporter du sel et y laissaient une mesure vide ; les Kabyles des hauteurs voisines descendaient de leurs montagnes prenaient le sel et, en échange, remplissaient la mesure d'orge ou de blé

1) De Foucauld, *Reconnaissance*, p. 51 et *passim*.

2) Giovan Lioni Africano, *Della descrittione dell' Africa*, in Ramusio, *Navigationi e viaggi*, Venise, 1563; I, p. 12, D. Une édition *critique* de Léon est bien désirée. Les récentes éditions anglaise et française ne peuvent en effet mériter cette épithète. Cf. Chénier, *Maroc*, III, p. 154.

3) De La Mart. et Lac., *Documents*, II, p. 387.

que les Dellysiens venaient rechercher à leur tour[1]. En plein Sahara, sur la rive de l'Ouâd Mia, la qoubba de Sîdî 'Abdelh'akîm renferme du grain, des dattes, des ustensiles, des mouchoirs, que de pieux voyageurs y déposent comme offrandes. Chacun a le droit de se servir des objets déposés et de se nourrir des provisions, mais personne n'a jamais rien emporté par crainte du marabout qui punirait de mort le sacrilège[2].

Les marabouts n'ont pas non plus dédaigné de s'intéresser à l'agriculture et à l'élevage. Sîdî 'Alî Boû Tlélîs des environs d'Oran[3], devançant de célèbres sociétés modernes (il vivait au XIVe siècle de notre ère), défendait les mauvais traitements envers les animaux domestiques et poursuivait de sa malédiction les conducteurs qui brutalisaient leurs bêtes[4]. Sîdî l-H'âdjdj Ibrâhim, enterré aujourd'hui dans le Djebel Çah'rî avec son ancêtre Sîdî Moh'ammed ben 'Aliyya, avait assumé la tâche plus dangereuse et qu'il mena à bonne fin, de purger la contrée des bêtes fauves, lions, panthères et autres qui l'infestaient[5]. Des saints plus directement utiles à l'agriculture sont ceux qui se sont occupés de capter des sources ou de creuser des puits. Nous avons déjà noté que les marabouts étaient en connexion fréquente avec les sources. Nombre

1) Hun, *Excursion dans la Haute Kabylie et ascension au tamgoutt de Lella Khedidja par un juge d'Alger en vacances*, 1 vol. Alger, 1859. — Contient quelques bonnes observations, mais le ton perpétuellement humoristique de la narration rend ce livre bien ennuyeux à lire, en dépit même des intentions de l'auteur.

2) De La Mart. et Lac., *Documents*, IV, p. 224, n. 1 (citation du *Journal de Route de la 2e mission Flatters*).

3) Il ne faut pas confondre ce marabout, mort depuis longtemps, avec le marabout vivant du même nom dont nous avons parlé plus haut qui est originaire de Mascara et qui demeure à Cha'bet el-Leh'am. Ce dernier du reste se prévaut de la similitude de nom pour dire qu'il est de la descendance du fameux Boû Tlélis. En réalité, il a seulement reçu ce nom *en l'honneur* de Boû Tlélîs (cf. *supra*, p. 39).

4) Voir la légende de Boû Tlélîs dans Trumelet, *Algérie légendaire*, p. 476, seq.

5) Cf. Trumelet, *op. laud.*, p. 229. — Bombonnel raconte qu'un marabout se mit en prières pour lui faire tuer une panthère qui désolait la région (*Bombonnel, le tueur de panthères*; *ses chasses écrites par lui-même*, 1 vol. Paris, 1860; p. 138-139).

d'entre eux, dans le Sahara surtout, doivent leur célébrité aux puits qu'ils ont creusés[1]. Le grand Sîdî Chîkh, dit la légende, voyageant dans la région qu'habitent ses descendants trouva un autre marabout, Sîdî 'Abdelkerîm, occupé à faire un puits : « Tu fais là, lui dit-il, œuvre agréable à Dieu. » A ces paroles, l'eau jaillit : mais Sîdî Chîkh ayant demandé à boire, l'autre lui en refusa. Aussitôt Sîdî Chîkh le maudit et le puits tarit. Continuant son voyage, le grand saint rencontra un Mh'azzî qui creusait aussi un puits. Il lui demanda à boire : « Seigneur, lui dit l'autre, ce puits et son eau sont à toi. » Et Sîdî Chîkh d'ajouter, après avoir bu : « Cette eau est salée et bonne ; qui la boira sera remis de ses fatigues. » La légende dit de plus que, sitôt que des rixes éclatent près du puits, l'eau tarit momentanément[2]. Innombrables sont les marabouts qui ont transformé des terrains incultes en oasis verdoyantes : il n'est pas jusqu'à ces terribles Snoûsiyya, au sujet desquels tant d'exagérations ont trouvé crédit dans le public, qui n'aient eu, à ce point de vue, la plus heureuse influence sur les populations du désert. Une des raisons de leur succès a été les constructions et les cultures florissantes qu'ils ont fait surgir dans le désert libyque. On a pu dire que la civilisation européenne n'avait pas, à ce point de vue, de meilleurs avant-coureurs qu'eux et qu'ils préparaient les centres des futures colonies européennes[3].

Ainsi, les marabouts ont des titres divers à la reconnaissance des populations maghribines : mais le plus grand service qu'ils leur ont rendu, ç'a été, comme nous l'avons déjà indiqué, de jouer au milieu de la perpétuelle rivalité des tribus le rôle de conciliateurs. Ils étaient ainsi la plus haute autorité reconnue, celle à laquelle on recourait d'un commun accord, lorsque deux partis épuisés, mais refusant de se rendre, sentaient le besoin d'un compromis, dont leur orgueil

1) Par exemple, de La Mart. et Lac., *Documents*, IV, p. 320...

2) De La Mart. et Lac., IV, p. 66-67, n.

3) Hartmann, *Aus d. Religionsleb. d. Lib. Wüste*, in *Arch. f. Rel.-Wiss.*, I, p. 269-270.

toutefois empêchait chacun d'eux de prendre l'initiative[1]. Ou bien encore lorsque l'un des partis avait abattu l'autre et qu'il s'apprêtait à l'écraser, eux seuls avaient assez d'influence, de par leur nature sacrée, pour imposer une mesure de clémence et arracher le vaincu à la colère du vainqueur[2]. On les a vus parfois ainsi porter secours même aux éternels ennemis des musulmans : un marabout des environs de Blida eut assez d'influence pour arrêter les Blidéens et les Beni Çâlah' pillant les Juifs et pour leur faire rendre le butin qu'ils avaient fait pendant le sac des magasins[3]. Souvent aussi des marabouts instituèrent des sortes de *trêves de Dieu* pendant lesquelles toute guerre était suspendue. Le célèbre marabout Ibn el-Moubârek, d'Aqqa, dans le Sous, avait, au xvie siècle, « fixé pour chaque mois trois jours de la semaine pendant lesquels il était interdit de porter les armes et de guerroyer de tribu à tribu. Quiconque enfreignait cette prescription était assuré d'un prompt châtiment. On raconte que, pendant un de ces jours de trêve, un Arabe avait pris une gerboise. « Lâche-la, lui dirent ses camarades, car nous sommes dans un des jours de trêve qu'a institués Sîdî Moh'ammed ben el-Moubârek. » — « Non », répliqua l'Arabe, qui frappant alors la gerboise lui cassa une patte. A peine avait-il donné ce coup qu'il s'écria : « Ah ! malheureux que je suis, je viens de me briser la jambe. » Depuis ce jour, en effet, cet Arabe ne put plus faire usage de sa jambe[4]. » Pour arriver à jouir de ce degré d'autorité, les marabouts doivent rester neutres autant que possible. Alors que les guerres civiles ensanglantent les villages de leurs serviteurs religieux, ils évitent soigneusement de prendre parti. Des oasis sont mises à feu et à sang pendant des années par

1) Cf. Moh'ammed ben Rah'al, *A travers les Beni Snassen*, *loc. cit.*, p. 40.

2) Cf., p. ex., Le Châtelier, *Les Medaganat*, in *Rev. afr.*, XXXIe ann., mars 1887, n° 182, p. 129. — Travail important pour l'étude des populations sahariennes (information orale).

3) Trumelet, *Blida*, 1 vol.. Alger, 1887, p. 989.

4) El-Oufrânî, *Nozhet el-H'âdî*, trad. Houdas, p. 23-24.

les luttes des factions, sans que les marabouts interviennent[1]. Cependant, lorsque la guerre a décimé les troupes dans les deux camps et menace de consommer l'anéantissement de la population, les marabouts se décident : à cheval ou à mulet, souvent porteurs de rameaux verts en signe de paix, ils s'avancent résolument à travers la mitraille, entre les belligérants. Aussitôt le feu cesse, car leur personne est sacrée et l'on accepte leur médiation[2]. Alors commencent les négociations et ce sont encore les marabouts qui les conduisent et qui rédigent le traité de paix, en cherchant à sauvegarder les intérêts et l'amour-propre de chaque parti et en évitant de se créer à eux-mêmes des inimitiés[3]. Cette fonction conciliatrice des marabouts a laissé de nombreuses traces dans leurs légendes. Citons-en deux exemples seulement. Sîdî 'Abderrah'mân ben 'Abdallâh ben 'Abderrah'mân el-Ya'qoûbî, des environs de Tlemcen, se rendit un jour chez les Trâra pour les réconcilier ; mais l'un d'eux déclara au saint qu'ils ne feraient point la paix. « Que Dieu t'applique le feu ! » s'écria le saint. Aussitôt l'insolent fut atteint de brûlures atroces qui le firent mourir[4]. Sîdî Moh'ammed ben 'Aliya, du Djebel Çah'rî et que nous avons déjà nommé, avait appris que deux fractions des Çah'rî Oûlâd Brahîm, les Oûlâd Dâoûd et les Oûlâd Tsâbet se battaient pour un motif insignifiant. Aussitôt il court se jeter au milieu des combattants et les conjure de cesser une guerre fratricide. Mais les deux partis refusent de l'écouter. Alors le saint arrachant de la montagne un rocher que cent hommes à peine eussent pu porter, le lève au-dessus de leurs têtes en les menaçant de les écraser s'ils ne cessent

1) Par exemple le Qçar d'El-Ma'îz, dans l'extrême Sud oranais. Cf. de La Mart. et Lac., *Documents*, II, p. 479 et n.

2) Mouliéras, *Maroc inconnu*, II, p. 290. Cf. un brillant récit de Masqueray, dans son joli volume, *Souvenirs et visions d'Afrique*, Paris, 1894, p. 373.

3) Mouliéras, *op. laud.*, II, p. 313.

4) Ibn Meryem, *Boustân*, mss. de la Biblioth. d'Alger, n° 1342, p. 132, et Delpech, *Résumé du Boustân ou dictionnaire biographique des saints et savants de Tlemcen*, in *Rev. afr.*, XXVIII° ann. 1884, p. 140.

les hostilités. Les deux fractions s'arrêtent et se séparent en murmurant. Le saint ne les écrasa pas : mais laissant retomber l'énorme quartier de montagne : « Votre bonheur, leur dit-il, a cessé d'exister ; je l'enfouis sous ce roc. » Et depuis cette époque en effet, ils mènent une vie fort misérable[1].

En résumé les marabouts ont rendu et rendent encore aux indigènes les plus grands services. Sans doute, il en est qui abusent de leur situation et qui songent surtout à thésauriser ; mais, en somme, ils répondent aux besoins des foules, et les condamner en bloc, comme on l'entend souvent faire en Algérie, serait tout aussi puéril que d'approuver le langage que tiennent nos modernes orateurs politiques de clubs, à l'égard de nos religions européennes, lorsqu'ils s'écrient aux applaudissements des électeurs que ce sont les prêtres qui ont inventé la religion pour exploiter le peuple.

*
* *

Pouvons-nous maintenant, en terminant ce mémoire, dégager des faits que nous avons passés en revue quelque conclusion générale, susceptible de devenir au besoin, dans la pratique, une règle de gouvernement pour ceux qui ont charge d'administrer nos sujets musulmans ? Ce serait plus que téméraire : les quelques notes que nous avons réunies ne représentent d'abord qu'un dépouillement incomplet des sources de notre connaissance touchant l'Islâm maghribin ; en second lieu, elles n'embrassent pour ainsi dire que les petits côtés de la question. Il resterait, si l'on voulait aboutir à des conclusions raisonnées, à étudier les marabouts en action, nous voulons dire leur thaumaturgie ; il faudrait étudier aussi longuement le culte des marabouts, en retracer l'évolution au moyen des documents dont nous disposons, plonger dans les obscurités de la préhistoire pour suivre la pensée religieuse berbère jusqu'aux temps modernes ; rechercher, à travers le détail des rites actuels, le sens des anciens cultes et préciser

1) Trumelet, *Algérie légendaire*, p. 224-225.

leurs transformations. Il faudrait encore étudier le rôle des marabouts dans l'histoire politique, rechercher l'origine des confréries mystiques de l'Afrique du Nord, faire l'histoire interne et externe de chacune d'elles, arriver à posséder une idée exacte des rapports qui existent entre le maraboutisme et les confréries. C'est en un mot l'étude de l'Islâm maghribin entier à faire, tant il est vrai que le culte des saints est devenu ici presque toute la religion. D'importants travaux de l'école administrative algérienne, au premier rang desquels se placent les ouvrages considérables de MM. Rinn, Depont et Coppolani, ont déblayé le terrain ; les matériaux d'autre part abondent, tant dans la littérature arabe que dans la littérature européenne ; le champ des observations s'étend autour de nous, des Syrtes à l'Atlantique ; enfin de précieuses études faites à l'étranger par des savants tels que M. Goldziher et M. Snouck Hurgronje, pour ne citer que deux noms, nous donnent les plus intéressants éléments de comparaison et de précieux points de repère. C'est à l'école algérienne qu'il appartient de se mettre à l'œuvre pour soumettre à la sagesse de nos gouvernants le résultat de ses travaux ; nous n'osons nous flatter que les quelques notes rassemblées ici puissent être une contribution utile à ces études ; du moins aurons-nous réussi peut-être à montrer suivant quelle méthode d'analyse patiente des faits il nous semble qu'il serait indispensable de procéder.

La seule histoire peut d'ailleurs nous donner des renseignements sur la ligne de conduite à adopter vis-à-vis des marabouts. Nous voyons qu'au Maroc par exemple, où ils sont si puissants, les sultans n'ont négligé aucune occasion de se les concilier. C'est qu'en effet, le chérif assis sur le trône de Fez a autour de lui de puissantes noblesses religieuses, comme cette maison d'Ouazzân[1] ou ces chérifs idrî-

1) Un ancien proverbe dit qu'aucun chérif d'Ouazzân ne peut devenir sultan, mais qu'aussi aucun sultan ne peut se passer de l'appui des chérifs d'Ouazzân. Cf. Harris, *Tafilet*, p. 356.

sites répandus dans tout l'Empire[1], et maint marabout tout-puissant, capable de le mettre en échec dans sa province, ne reconnaissant que son autorité spirituelle et qu'il est obligé de ménager par tous les moyens possibles[2]. Cadeaux continuels[3], pèlerinages pompeux[4], exemption d'impôts[5], il n'épargne rien pour s'assurer leur amitié.

Les Turcs ne procédèrent pas autrement : ils renversèrent les dynasties du Maghrib en gagnant les marabouts par des présents[6]. Il nous reste des correspondances du gouvernement turc avec eux[7] et nous y voyons les souverains de la Régence occupés à les flatter et à leur promettre des cadeaux qu'au besoin les saints savaient leur demander[8]. Tout en faisant acte d'énergie lorsqu'il le fallait[9], ils ne manquaient au-

1) Une croyance populaire très répandue au Maroc, c'est que les descendants directs d'Idrìs reviendront tôt ou tard au pouvoir. Sur l'avènement possible d'un chérif idrìsite, voy. Harris, *Tafilet*, *loc. cit.* — A Fez, les Idrìsites sont très nombreux; les 'oulamâ forment aussi dans cette ville un parti très remuant qui s'appuie précisément sur les nombreux chérifs, pour la plupart idrîsites, résidant près des tombeaux de marabouts. Cf. de La Mart. et Lac., *Documents*, I, p. 363, n.

2) Cf. Cat, *Confréries du Maroc*, *loc. cit.*, p. 379; de Foucauld, *Reconnaissance*, 47.

3) Cf. Cat, *loc. cit.* — « Chaque fois que le sultan visite, à Zerh'oûn, la zâouia de Moûlaye Idrìs el-Kebîr, il donne 500 fr. à la mosquée. De plus, il fait chaque année un présent de 5,000 fr. » (de La Mart. et Lac., *Documents*, *loc. cit.*).

4) Voy., à titre d'exemple historique, le pèlerinage pompeux d'El-Mançoûr aux saints d'Aghmât, dans El-Oufranî, *Nozhet el-H'âdî*, trad. Houdas, p. 205. Cf. Mouliéras, *Maroc inconnu*, II, p. 134, et de La Mart. et Lac., *Documents*, I, p. 369.

5) Voy., p. ex., de Foucauld, *Reconnaissance*, p. 385; de La Mart. et Lac., *Documents*, I, p. 430-431; II, p. 386, 634, etc. Cf. cependant Ez-Ziyânî, *Tordjmân*, trad. Houdas, p 53 et El-Oufrâni, *Nozhet el-H'âdî*, trad. Houdas, p. 71.

6) Cf. René Basset, *Dictons de Sîdî Ah'med ben Yoûsof*, p. 21 et la référence en note.

7) Voy. le très curieux recueil publié par A. Devoulx, *Lettres adressées par des marabouts arabes au pacha d'Alger*, in *Rev. afr.*, XVIIIe ann., mai-juin 1874, n° 105, p. 171 seq. — Cf. Robin, *Histoire du chérif Boû Baghla*, in *Rev. afr.*, XXVIe ann., sept.-oct. 1882, n° 155, p. 401, n.

8) Cf. la légende de Sîdî 'Obéid dans Trumelet, *Algérie légendaire*, p. 246, seq.

9) Voy., par exemple, Çâlah'-bey faisant condamner à mort le marabout Sîdî

cune occasion de témoigner de leur respect pour les marabouts, faisant faire des sacrifices en leur honneur[1], leur élevant des qoubbas[2], les exemptant d'impôts et même leur laissant de graves privilèges politiques tels que le droit de grâce[3]. Aussi, dans les légendes, voit-on les marabouts voler au secours des Turcs, lorsque leur puissance est attaquée[4].

Cette politique a pleinement réussi aux gouvernements musulmans. On a vu des marabouts, non seulement soutenir ceux-ci, mais tolérer et même excuser les excès et les débauches des grands et du souverain[5]. Nul doute que nous ne puissions, quoiqu'avec moins d'autorité qu'un gouvernement mahométan, nous servir des marabouts. Nous l'avons fait bien souvent et avec un plein succès : l'exemple de Moûlaye T'ayyeb d'Ouazzân et des Tedjînî d'Aïn-Mâdhî est à cet égard décisif. Dans l'ordre purement administratif les marabouts nous ont aussi rendu des services : on en a vu ordonner à leurs clients, au nom de Dieu et à la prière d'un administrateur de commune mixte, d'obtempérer à une mesure réglementaire[6]. Mais pouvons-nous faire du maraboutisme, des confréries, de la religion musulmane, en un mot, un moyen de gouvernement, comme il semble qu'on ait voulu le proposer[7]? Nous ne le croyons pas ; ce qui est bon pour des gouvernants marocains ou turcs ne saurait nous suffire. Une ligne inflexible de politique religieuse serait une arme à deux tranchants, dangereuse à manier ; trop de races à caractère différent s'agitent sous le masque de l'Islâm dans l'Afrique

Moh'ammed el-Ghorâb dans Trumelet, *op. laud.*, p. 254 seq. Cp. *ibid.*. p. 447.

1) Cf. Michiel, *La prise d'Alger racontée par un captif*, in *Rev. afr.*, XXe ann., mars-avril 1876, n° 116, p. 103.

2) Cf., p. ex., Trumelet, *op. laud.*, p. 335.

3) Cf. Bourjade, *Notes chronologiques pour servir à l'histoire de l'occupation d'Aumale*, in *Rev. afr.*, XXXIIe ann., 3e trim. 1888, n° 190, p. 256-257, n.

4) Cf. Trumelet, *op. laud.*, p. 369.

5) Cf. El-Oufrânî, *Nozhet el-H'âdî*. trad Houdas, p.

6) Voir ce trait intéressant dans Depont et Coppolani, *Confréries musulmanes*, p. 207.

7) Depont et Coppolani, *op. laud.*. p. 282.

du Nord, pour qu'on puisse enfermer en une seule formule générale la conduite à tenir à leur égard, dans les différents cas d'espèce. Que si l'on nous pressait de nous rallier néanmoins à quelque règle politique, nous ferions provisoirement nôtre celle qui fut jadis ainsi formulée, en lui enlevant un peu de sa rigueur : s'abstenir le plus possible de toute intervention en matière purement religieuse et créer en d'autres matières le plus possible d'intérêts nouveaux [1].

Mustapha, novembre 1899.

1) Hugonnet, *Souvenirs d'un chef de bureau arabe*, p. 68.

NOTES ADDITIONNELLES

SUR LES MARABOUTS

DANS L'ISLAM MAGHRIBIN [1]

Depuis que ce mémoire a été écrit, nos recherches de cabinet, de nouvelles observations poursuivies en Algérie et au Maroc et la critique éclairée des orientalistes qui ont bien voulu s'intéresser à nos travaux, nous ont suggéré nombre de vues nouvelles ; le moment n'est pas venu encore de les exposer : elles confirment du reste les quelques idées que nous avons développées ici. Toutefois, nous avons cru devoir détacher de notre dossier les quelques notes suivantes qui se rapportent directement à plusieurs des points que nous avons traités.

T. XL, p. 357. — Il est bien entendu que nous restons convaincu que des recherches approfondies amèneront dans l'Afrique du Nord les plus intéressantes découvertes au sujet de la persistance des cultes antiques dans l'Islâm ; nous voulons dire seulement que jusqu'ici rien ou à peu près rien de scientifique n'a été fait dans cette voie. Nous ne connaissons pas encore le texte de la note sur le « Culte des Saints au Maroc » que M. Westermarck a lue au dernier Congrès des Orientalistes ; mais nous savons que cet érudit sociologue vient de passer de longs mois au Maroc pour y continuer ses études.

P. 365. — Cependant on lit dans les *Instructions de M. le Gouverneur général, en date du 25 janvier 1895, sur la surveillance politique et administrative des indigènes algériens et des musulmans étrangers* : « Dans beaucoup de localités, il existe des koubba dont la garde est généralement confiée à des descendants des marabouts dont ces koubba renferment les tombeaux. — Il est

1) Voir les articles publiés t. XL, p. 343 à 369 ; t. XLI, p. 22 à 66 et 289 à 336.

arrivé qu'on a donné à ces gardiens une investiture officielle; à l'avenir, l'Administration ne devra plus intervenir dans leur désignation. Elle se bornera à donner son agrément officieux au choix de ces gardiens fait par les indigènes des douars ou des tribus intéressées sauf, bien entendu, à s'opposer aux choix qui viendraient à se porter sur des individualités qui pourraient nous susciter des difficultés. » On ne peut s'empêcher d'admirer ce texte ; il est clair en effet que le droit d'agréer ou non un candidat, joint à celui de s'opposer catégoriquement à une candidature qui ne convient pas, constitue, entre les mains d'autorités comme celles qui administrent les indigènes algériens, le droit pur et simple de nomination. Reste la distinction entre l'*officiel* et l'*officieux*, mais c'est là une nuance que nos indigènes saisissent peu. Ajoutons du reste qu'il est, suivant nous, d'une excellente politique de ne jamais paraître s'immiscer dans ces sortes d'affaires : c'est évidemment là l'esprit du texte qui nous occupe.

T. XLI, p. 22. — La question de l'évolution du mot *mrâbet'* est peut-être plus complexe que notre exposition ne le donne à entendre. En effet, d'une part, M. Goldziher nous signale des textes orientaux où le mot *mourâbat'a* est pris dans le sens de : « action d'adonner son âme assidûment au service de Dieu » (*'Aïn el-'alam*, d'auteur incertain, et son commentaire turc, Kazan, 1886, p. 210) ou dans des sens métaphoriques analogues (*Zorqânî* sur le *Mouwat't'a*, éd. du Caire, I, 126, pour le mot *ribât'*). « Je pense, ajoute-t-il, au sujet du premier texte, que c'est là le point de départ de la signification de ce mot dans le système des ascètes maghribins. » Ce résultat n'est pas inconciliable avec l'hypothèse que nous avons développée : il est probable en effet que ces mots de *ribât'*, *mourâbit'*, *mourâbat'a*, ont reçu des acceptions différentes se rapportant d'ailleurs toutes au sens primitif de la racine (lier) et qu'ils ont évolué parallèlement dans ces diverses acceptions pour, finalement, confondre plus ou moins leur signification première et leur signification ascétique. D'autre part, nous avons pu constater personnellement que sur toute la côte du Maroc (et il en est sans doute de même à l'intérieur) le mot *mrâbet'*, quoique compris partout est relativement peu employé pour désigner un saint : on se sert plutôt du mot *çâleh'* ou du mot *fqîr* ; l'expression *mrâbet'* implique particulièrement dans ces pays le caractère héréditaire de la sainteté. Il y a encore sur la côte des familles portant le nom propre de *Mrâbet'* et qui descendent d'un *mrâbet'*, guerrier, et cette acception du mot n'a pas entièrement cessé d'être entendue.

P. 30. — Sur *mawlâya,* voy. Ibn Khaldoûn, *Berbères*, trad. de Slane, I, p. 31.

P. 35. — Sur *lâlla*, cf. Stumme, *Gramm. d. tunis. Arab.*, Leipzig, 1896, 51 et 52, n. 3.

P. 36. — Sur *dâdda*, cf. Hanoteaux, *Poés. pop. de la Kab. du Jurjura*, p. 381, n. 1; Stumme, *op. laud.*, 52, n. 3. — Signalons encore, dans les Beni Bou Zeggou du Maroc, une fraction appelée *Ahl Dâdda 'Alî* (de La Mart. et Lac., I, p. 170).

P. 38. — Au Maroc on emploie *mdhell* et non *dhellîla* pour désigner le parasol.

P. 40. — M. Marçais, directeur de la Médersa de Tlemcen, nous fait connaître que, d'après ses observations personnelles, la dénomination de *mrbet'* est souvent employée en opposition à celle de *cherîf*, pour désigner plus spécialement les descendants d'Aboû Bekr.

P. 41. — M. Le Châtelier insiste, avec raison, dans l'introduction de son remarquable ouvrage, *L'Islâm dans l'Afrique occidentale*, sur l'importance du chérifat au Maroc. Sur les chérifs du Maroc, il faut consulter surtout *Ed-dorr es-sanî fî ba'adh man bi-Fâs min an-nasab el-h'asanî* de 'Abdesselâm ben Et'-T'ayyib el-Qâdirî, imprimé à la suite de l'*Ichrâf 'ala nasab el-aqt'âb el-arba'a*, du même auteur (Fez, 1309).

P. 45. — Des lettrés orientaux effarouchés par ce mot *mechîch*, peu explicable en arabe, le donnent comme une altération de *bechîch*, nom de bon augure et qui veut dire : « affable » (Goldziher, *Ueber die Eulogien der Muhamm.*, *Z. D. M. G.*, 1896). — Au sujet de *mezoudr*, l'*Ichrâf* s'exprime ainsi, dans la chaîne généalogique (p. 4) : «....., fils de Sellâm, fils de leur mezouâr, qui était lui-même fils de H'aïdara, fils de Moh'ammed, fils d'Idrîs ». Il y a toujours en effet à Ouazzân un *mezouâr* qui est choisi parmi les chérifs pour administrer la zaouia et agréé, sinon désigné, par le makhzen. Quoi qu'il en soit, le point faible de la chaîne est évident. — La renommée de Sîdî 'Abdesselâm ben Mechîch est telle que l'auteur de l'*Ichrâf* n'hésite pas à le faire figurer parmi les quatre pôles, en compagnie de Sîdî 'Abdelqâder el-Djîlânî, Sîdî ch-Châdzilî et Sîdî l-Djazoulî. On remarquera le caractère essentiellement maghribin de cette association. Des recueils de prières de Sîdî 'Abdesselâm ben Mechîch se trouve dans toutes les bibliothèques; cf. par ex. *Catal. de la Bibl. d'Alger* (à la p. 578 *b.* de l'Index, il semble y avoir une petite confusion entre Ibn Mechîch et Ech-Châdzilî). Ahlwardt, *Verz. d. arab. Hschr. d. königl. Bibl. z. Berlin*, III, p. 421, donne notre saint comme un chérif h'oséinien : il faut lire « h'asanien ».

P. 46. — Nous devons cependant dire ici que nous avons voyagé au Maroc avec un Beqqâlî qui nous a énergiquement affirmé être un noble descendant d'Idrîs.

P. 47. — Pour désigner le tombeau d'un marabout, on se sert généralement au Maroc du mot *siyyed*.

P. 49. — Au Maroc, lorsque nous demandions trop indiscrètement au gré de notre interlocuteur le nom d'un saint dont nous désignions le tombeau, on nous répondait que c'était *Sîdî Ma'roûf* (celui qui est connu). M. René Basset nous fait connaître que, dans sa mission chez les Traras, il a trouvé plusieurs *Sîdî Mokhfî* et un *Sîdî Gherîb*.

P. 56. — Cf. Abbé Blanchet, *Apologues et contes orientaux*, éd. de 1784, p. 17; VII : *L'Académie silencieuse*.

P. 58. — Au lieu de *moudâlîn el-bled*, on dit aussi *ridjâl el-bled*.

P. 65. — M. René Basset nous communique la note suivante : « Saint Louis, comme j'ai pu m'en convaincre à Tunis et à Carthage, est confondu avec Sîdî Boû Sa'îd : une tradition musulmane prétend qu'il se fit musulman avant de mourir. Il est curieux qu'Ibn Châkir el-Koutoubî, dans son *Faouât el-Ouafayât*, t. I, p. 83, lui ait consacré un article intitulé : *Le prince français*. — Pour le baron de Ripperda, il faut voir l'ouvrage de Syveton : *Le Baron de Ripperda d'après des documents inédits des archives de Vienne et de Paris*. »

P. 66. — Ah'med ben Khâled en-Nâcirî es-Slâouî est mort il y a environ trois ans. Il avait été 'adel de la douane dans plusieurs villes, en dernier lieu à Casablanca et à Mazagan. On sait que ces charges sont fort lucratives.

P. 291. — C'est, dit-on, à Massat, dans le Soûs, que se lèvera le Mahdî. Cf. les autorités citées par R. Basset, dans sa *Relation de Sîdî Brahîm*, n. 4, p. 5-7. Nous avons constaté dernièrement que cette légende est généralement accréditée parmi les Souâsa.

P. 311. — M. Leriche, de Casablanca, qui connaît bien le tombeau de Lâlla Mîmoûna Taguenaout, nous fait remarquer que ce mot berbère veut dire « la négresse ». C'est en effet : « celle qui est originaire de Dienné ».

E. D.

6 août 1900.

Paris, imp. Gamis et Cie. — Section orientale A. Burdin, Angers.

PARIS, IMPRIMERIE CAMIS ET Cie,
SECTION ORIENTALE A. BURDIN, ANGERS

www.ingramcontent.com/pod-product-compliance
Lightning Source LLC
LaVergne TN
LVHW020025170826
845678LV00001B/122

* 9 7 8 2 3 2 9 7 7 7 0 7 8 *